DINHEIRO

O poder da abstração real

LUIZ GONZAGA BELLUZZO
GABRIEL GALÍPOLO

DINHEIRO

O poder da abstração real

São Paulo
2021

Copyright © EDITORA CONTRACORRENTE
Alameda Itu, 852 | 1º andar |
CEP 01421 002
www.loja-editoracontracorrente.com.br
contato@editoracontracorrente.com.br

EDITORES
Camila Almeida Janela Valim
Gustavo Marinho de Carvalho
Rafael Valim

EQUIPE EDITORIAL
COORDENAÇÃO DE PROJETO: Juliana Daglio
REVISÃO: Graziela Reis
REVISÃO TÉCNICA: João Machado
DIAGRAMAÇÃO: Fernando Dias
CAPA: Maikon Nery

EQUIPE DE APOIO
Fabiana Celli
Carla Vasconcelos
Fernando Pereira
Lais do Vale
Valéria Pucci
Regina Gomes

Dados Internacionais de Catalogação na Publicação (CIP)
(Câmara Brasileira do Livro, SP, Brasil)

Belluzzo, Luiz Gonzaga
  Dinheiro : o poder da abstração real / Luiz Gonzaga Belluzzo, Gabriel Galípolo. – 1. ed. – São Paulo : Editora Contracorrente, 2021.

  ISBN 978-65-88470-75-6

  1. Ciência política 2. Economia 3. Dinheiro - Aspectos políticos I. Galípolo, Gabriel. II. Título.

21-74507   CDU-332.4

Índices para catálogo sistemático:

1. Dinheiro : Economia 332.4
    Aline Graziele Benitez - Bibliotecária - CRB-1/3129

@editoracontracorrente
Editora Contracorrente
@ContraEditora

In memoriam: o livro é dedicado a Walter Malieni, brasileiro e palmeirense como poucos.

O enredo oculto é mais forte que o enredo manifesto.
Heráclito

Na análise das formas econômicas não podemos nos servir de microscópio nem de reagentes químicos. A força da abstração [Abstraktionskraft] deve substituir-se a ambos.
Karl Marx, prefácio à 1ª edição de O Capital

Foi o melhor dos tempos, foi o pior dos tempos, foi a era da sabedoria, foi a era da tolice, foi a época da crença, foi a época da incredulidade...
Charles Dickens, *A Tale of Two Cities*[1]

---

[1] Essa epígrafe foi inspirada por Mervin King, autor do livro *The end of alchemy*.

SUMÁRIO

NOTA INTRODUTÓRIA - A VIDA ENTRE O REAL E O ABSTRATO 11

À GUISA DE PREFÁCIO 15

CAPÍTULO I - LIÇÕES MACROECONÔMICAS E POLÍTICAS DO CORONAVÍRUS 35

CAPÍTULO II - O CAPITALISMO DA REPRESSÃO FINANCEIRA À NOVA GLOBALIZAÇÃO 57

    2.1 Movimentos de capitais, migração produtiva e desequilíbrios nos balanços de pagamentos 63

CAPÍTULO III - DINHEIRO, BANCOS E CRÉDITO 67

    3.1 Imprimindo moeda 83

CAPÍTULO IV - A MACROECONOMIA DO DINHEIRO E DO CRÉDITO 105

CAPÍTULO V – AS BENÇÃOS E MALDIÇÕES DA DÍVIDA 125

    5.1 A hegemonia da finança 128

    5.2 Os limites do endividamento capitalista: dívida, riqueza e renda 144

    5.3 Endividamento privado e endividamento público 155

    5.4 Políticas anticíclicas e acumulação financeira 162

CAPÍTULO VI – CRÉDITO, MOEDA INTERNACIONAL E FLUXOS DE CAPITAIS 177

CONCLUSÕES INCONCLUSIVAS 191

REFERÊNCIAS BIBLIOGRÁFICAS 201

NOTA INTRODUTÓRIA
A VIDA ENTRE O REAL E O ABSTRATO

Os analistas do *Goldman Sachs* tentaram abordar um assunto delicado para as empresas de biotecnologia, especialmente as envolvidas no tratamento pioneiro da "terapia genética": as curas podem ser ruins para os negócios a longo prazo.

"Curar pacientes é um modelo de negócio sustentável?", perguntam os analistas em um relatório de 10 de abril de 2020 intitulado "A Revolução do Genoma".

> O potencial para entregar "curas com apenas uma injeção" é um dos aspectos mais atraentes da terapia genética, terapia celular geneticamente modificada e edição de genes.
>
> No entanto, esses tratamentos oferecem uma perspectiva muito diferente em relação à receita recorrente das terapias crônicas,

escreveu o analista Salveen Richter na nota aos clientes. "Embora essa proposta tenha um enorme valor para os pacientes e para a sociedade, ela pode representar um desafio para os que desenvolvem a medicina de genoma que buscam um fluxo de caixa sustentado".

Essa avaliação das consequências "econômicas" da cura rápida perpetrada pelas terapias do genoma oferece uma boa oportunidade para um debate a respeito das relações entre a vida humana e os critérios de rentabilidade impostos pela finança capitalista.

As curas podem ser ruins para o desempenho econômico das empresas de biotecnologia, a longo prazo. Se a cura for rápida, vai faltar doente para receber a medicação. É preciso, portanto, buscar terapias mais longas e doenças crônicas.

Vamos lá:

> No caso de doenças infecciosas como a hepatite C, a cura de pacientes existentes também diminui o número de portadores capazes de transmitir o vírus para novos pacientes, assim a *pool* de incidentes também diminui... Quando a *pool* de incidentes permanece estável (por exemplo, no câncer) o potencial de cura representa menor risco para a sustentabilidade de uma franquia [empresa de biotecnologia]".

Os tratamentos do câncer, em geral mais longos, permitem a obtenção de resultados mais estáveis e previsíveis para as empresas, sobretudo porque a "oferta" de pacientes é mais regular e previsível, como parecem demonstrar as estatísticas de saúde.

A desumanidade dessas considerações não é mais desumana que a contraposição bolsonarista entre a economia e a saúde no combate à pandemia do Coronavírus. As pessoas devem sair às ruas e se aglomerar para salvar a economia e os empregos porque o custo monetário do isolamento social é muito elevado.

Está aí o Teto de Gastos para impedir que governos desatinados salvem as vidas de hoje e, dessa forma, sacrifiquem as vidas dos homens e mulheres que hão de nascer. Sendo assim, o auxílio emergencial e o socorro às pequenas e médias empresas deve ser minguados e de curta duração.

Estamos diante da manifestação escancarada do processo de abstração real que opera nos subterrâneos das sociedades capitalistas e deforma suas superfícies. Na verdade, diz o filósofo Roberto Finelli, a abstração real não se opõe ao mundo do concreto, não o força ou o

NOTA INTRODUTÓRIA – A VIDA ENTRE O REAL E O ABSTRATO

obriga como força externa, mas o coloniza por dentro, o assimila às suas leis. A abstração real é um vetor da realidade nem visível nem tangível: tão invisível que, em sua construção da realidade, essa força subterrânea só pode produzir o esvaziamento real do concreto. Isso significa que, simultaneamente, produz e dissimula realidade.

Na interioridade da realidade, dominada pela abstração, pelo concreto naturalizado, o ser humano se perde, pois tudo se traduz em funções econômicas de produção e reprodução do abstrato. Mas essas funções econômicas do abstrato têm a face do concreto, que, em vez de ser aniquilado, como uma dialética do negativo gostaria, foi desvitalizado e esvaziado.

O conceito de abstração real condensa com propriedade a natureza do processo de constituição da estrutura e dinâmica do capitalismo. Vamos considerar as cadeias globais de valor. Esse movimento ocorre na estrita obediência às normas do capitalismo enquanto sistema, cujo objetivo é a acumulação de riqueza abstrata, monetária. Ou seja, não se trata de produzir e gerar abundância e conforto material para os indivíduos e suas vidas, mas de produzir mercadorias concretas, particulares, úteis ou inúteis, com o propósito de acumular dinheiro. Uma coisa é uma coisa, outra coisa é a mesma coisa. O problema é que, frequentemente, a mesma coisa não é a mesma para países, seus trabalhadores e suas empresas.

Não importa onde e o que produzir, mas distribuir e organizar a produção nos espaços que permitam a maximização dos resultados monetários ambicionados por grandes empresas e bancos que controlam os instrumentos de produção e o dinheiro. As condições de vida dos habitantes dos espaços fracionados, abandonados ou ocupados, são mera consequência, boa ou má, dos movimentos da abstração real.

À GUISA DE PREFÁCIO

> *A matéria nunca fica em repouso, está constantemente se movendo e se desenvolvendo e, neste desenvolvimento, muda de uma forma de movimento para outra e mais outra, cada uma mais complexa e harmoniosa que a última. A vida aparece, assim, como uma forma particularmente muito complicada do movimento da matéria, surgindo como uma nova propriedade em um estágio mais avançado no desenvolvimento geral da matéria.[2]*

Em dois volumes, os autores estudam, nos vários campos da ciência, as possibilidades enriquecedoras da dialética em contraposição aos empobrecimentos das concepções positivistas. O trecho citado cuida das várias hipóteses sobre a origem da vida no planeta Terra.

Ted Grant e Adam Woods explicam que, desde sempre, homens e mulheres estavam cientes de fenômenos como terremotos e erupções vulcânicas que revelaram tremendas forças reprimidas sob a superfície da Terra. Até recentemente, tais fenômenos foram atribuídos à intervenção dos deuses. Poseidon-Netuno era o "agitador de terra", enquanto Vulcano-Hefáistos, o ferreiro dos deuses, vivia nas entranhas da terra e fez com que vulcões entrassem em erupção com 12 golpes de martelo. Os

---

[2] A citação acima foi colhida do livro *Reason in Revolt: Dialectical Philosophy and Modern Science*, dos filósofos Ted Grant e Alan Woods. O trecho citado está no capítulo "Origem da Vida".

primeiros geólogos dos séculos XVIII e XIX foram aristocratas e clérigos, que acreditavam, como o Bispo Usher, que o mundo havia sido criado por Deus em 23 de outubro de 4004 A.C. Para explicar as irregularidades da superfície da Terra, como cânions e altas montanhas, eles desenvolveram uma teoria — o catastrofismo — que tentou encaixar os fatos observados nas histórias bíblicas de cataclismos, como o Dilúvio. Cada catástrofe exterminou espécies inteiras, explicando, convenientemente, a existência dos fósseis que encontraram enterrados no fundo das rochas em minas de carvão.

Ted Grant e Adam Woods narram um episódio crucial para as mudanças nas hipóteses da Geologia. Eles contam que, em meados da década de 1960, Peter Vail, um cientista do principal laboratório de Houston, da *Exxon*, começou a estudar as irregularidades nos padrões lineares no fundo do oceano. Vail simpatizava com a visão francesa da evolução interrompida e acreditava que essas quebras no processo representavam grandes pontos de virada nas camadas geológicas. Suas observações revelaram padrões de mudança sedimentar que pareciam ser os mesmos em todo o mundo. Esta foi uma evidência poderosa em favor de uma interpretação dialética do processo geológico. Hipótese que foi recebida com ceticismo por colegas. Jan van Hinte, outro dos cientistas da *Exxon*, lembrou: "Nós paleontólogos não acreditamos em uma palavra que Vail estava dizendo. Fomos todos criados na tradição anglo-saxã de mudança gradual, e isso cheirava a catastrofismo". No entanto, Jan van Hinte fez observações próprias com materiais fósseis e sísmicos no Mediterrâneo, que revelaram exatamente o mesmo que Vail. As idades das rochas correspondiam às previsões de Vail. A imagem que agora emerge é claramente dialética:

> É uma característica comum na natureza: a gota que faz o balde transbordar.
>
> Um sistema internamente estabilizado é gradualmente minado por alguma influência até entrar em colapso. Um pequeno impulso leva então a mudanças dramáticas, e uma situação totalmente nova é criada. Quando o nível do mar está subindo, os sedimentos se acumulam gradualmente na plataforma continental. Quando o mar desce, a sequência se desestabiliza. Ele aguenta por algum tempo, e então – *Wham!* Parte dele desliza para o

mar profundo. Eventualmente, o nível do mar começa a subir e pouco a pouco, o sedimento se acumula.

No livro *Manda quem pode, obedece quem tem prejuízo* entregamos a palavra ao astrofísico Francesco Sylos Labini. Ele sustenta que nem mesmo a quantidade de dados disponível atualmente é, por si só, capaz de ampliar a capacidade de previsões de fenômenos naturais ou sociais, por problemas intrínsecos a sistemas complexos:

> Mesmo conhecendo as leis que regem a dinâmica dos planetas, hoje é sabido que o sistema solar apresenta um comportamento caótico apenas em uma escala de tempo muito mais longa do que a útil para as projeções do homem".

A teoria do caos, sumarizada pelo matemático Henri Poincaré, sustenta que mesmo se as leis da natureza não guardassem mais segredos, o conhecimento acerca das condições iniciais ainda seria aproximado. Essas pequenas diferenças nas condições iniciais podem resultar em divergências enormes no resultado final, tornando as previsões impossíveis e engendrando fenômenos fortuitos.

Para Labini, estas limitações variam conforme o sistema. Enquanto previsões de eclipses podem ser realizadas para milhares de anos, as meteorológicas podem ser feitas para poucas horas ou dias. No caso de terremotos, os limites para conhecer o status do sistema praticamente impossibilitam previsões.

A situação é ainda mais complexa se as leis que regem a dinâmica do sistema mudam ao longo do tempo, como na economia e outras ciências sociais. Nesses casos, afirma Labini, deve-se ter muita cautela no emprego de métodos desenvolvidos para o estudo das ciências naturais, apoiados na matemática e estatística:

> O risco é obter resultados aparentemente científicos, similares aos obtidos nas ciências naturais, mas na realidade determinados por suposições *a priori* (ou por um cenário ideológico) utilizadas na análise de maneira mais ou menos explícita".

Mesmo com a disponibilidade de *big data*, a interpretação adequada dos dados permanece indispensável. Um alto grau de correlação não implica relação de causalidade. Nas cidades italianas, o número de igrejas e homicídios crescem de forma proporcional à população, o que não significa que o aumento de igrejas corresponde ao crescimento de homicídios, ou vice-versa! E a correlação entre o número de computadores e pessoas com Aids entre 1983 e 2004 é de 0,99, sendo 1 o mais alto grau. Estes são exemplos de altíssima correlação espúria: são processos que surgem, crescem e se estabilizam juntos.

A teoria econômica dominante permaneceu arredia às transformações ocorridas nas formas, métodos e compreensões das assim chamadas *Hard Sciences*.

Adam Smith nos legou a maravilhosa narrativa da mão invisível: coordenando milhões de decisões de indivíduos que buscam o próprio interesse, os mercados conseguem encaminhar a produção e as trocas com ganhos para todos, mediante a operação flexível e desimpedida do sistema de preços.

Em uma de suas versões contemporâneas, ancorada na hipótese das "expectativas racionais" de Robert Lucas, a mão invisível é interpretada pela chamada Teoria dos Ciclos Reais. Os ciclos econômicos são flutuações naturais e suaves produzidas por "choques" benfazejos desferidos por inovações tecnológicas ou mudanças nas preferências intertemporais dos consumidores. Esses "choques virtuosos" provocam ajustamentos nos preços relativos dos bens e modificam as taxas de retorno dos ativos produtivos. Nessa narrativa reconfortante e apaziguadora para espíritos assustadiços, tudo muda para continuar na mesma.

Os indivíduos são dotados de incrível capacidade de compreender os movimentos da economia: mesmo diante de informações incompletas, sua ação racional e otimizadora terminará por reconduzir a produção, o consumo e os preços a uma nova situação de equilíbrio.

As flutuações cíclicas são uma expressão da "criação criadora": as leis de movimento da economia capitalista estão inexoravelmente comprometidas com o progresso tecnológico, o aumento do bem-estar e o crescimento estável.

Nessa versão das proezas da mão invisível, dinheiro, crédito e mercados de ativos são excluídos para não atrapalhar a consistência do modelo. A mão invisível tem a incumbência de produzir as informações e os incentivos para a alocação mais eficiente da riqueza ao longo do tempo. Aos governos nada resta fazer senão criar as condições para permitir fluência aos sinais que o mercado emite, tomando cuidado para não produzir ruído nas informações.

A "Ciência Econômica", em sua versão dominante e dogmática, apoia-se, portanto, em um conjunto de pressupostos simples: os indivíduos baseiam suas decisões em expectativas racionais, os mercados são bem organizados e o sistema de preços, rígidos ou flexíveis, funciona para alocar eficientemente os recursos. As flutuações da economia em torno de sua trajetória de equilíbrio decorrem de "choques exógenos", como mudanças tecnológicas ou na preferência dos consumidores. Os mecanismos automáticos de ajuste operam forte e rapidamente.

O dinheiro é o lubrificante das trocas realizadas pelos indivíduos racionais. Está excluída a demanda de moeda como reserva de valor, ou seja, a busca do dinheiro pelo dinheiro, como forma geral da riqueza. Por isso, os ativos financeiros e reais são altamente intercambiáveis. O consumo depende do valor descontado de todas as receitas futuras e não da receita corrente. Na lacração do dinheiro como forma geral da riqueza está ancorada a teoria quantitativa da moeda.

A pedra angular da "boa política econômica" é a confiança na inflação como indicador principal dos desvios do Produto Potencial e estimativas do hiato do produto. Se há fortes tensões inflacionárias, a economia estaria pressionada a crescer acima do Produto Potencial. Se há deflação, cresceria abaixo.

Entre os diversos pressupostos que contribuem para esse resultado, vamos nos concentrar na ausência nos modelos dominantes da demanda especulativa por moeda, ou seja, a demanda de moeda como riqueza potencial, uma ponte entre o presente e o futuro. Trata-se de uma "solução" elegante para possibilitar modelos em que essa ponte é mais segura no encaminhamento racional da poupança para o investimento. Essa é decisão crucial entre consumir recursos reais hoje ou postergar esse consumo para o futuro nos regaços do investimento. Maravilha: a renúncia a um prato de comida transmuta-se em uma fábrica de alfinetes. Nessa visão, poupança e financiamento são equivalentes.

Nos momentos de controvérsia monetária aguçada, os príncipes e sacerdotes da Ciência Econômica convocam os Quatro Cavaleiros da Ortodoxia – *Naturalismo, Individualismo, Racionalismo e Equilíbrio* – para espaldeirar as "concepções mefistofélicas" dos alquimistas da moeda, tal como as praticadas pelo Imperador do Fausto de Goethe, conforme será apresentado mais adiante.

As justificativas para a prosperidade americana nos anos noventa e na década seguinte apoiavam-se em grande medida nestas fantasias. Estava ocorrendo, diziam Robert Lucas e seus discípulos, um choque de produtividade na economia americana que, entre naturais flutuações, garantiria um crescimento duradouro e prolongado. Os Estados Unidos foram premiados com um deslocamento forte das condições da oferta: um choque de alta tecnologia que elevou a produtividade do capital e do trabalho. Isto tornou o período muito atraente para trabalhar e produzir. Assim, aumentavam a produção e o emprego.

A prosopopeia da Nova Economia, espalhada por consultores e colunistas badalados, tornou-se, desde a segunda metade dos anos 1990, a versão popularesca das Teorias dos Ciclos Reais. Alan Greenspan, o celebrado Maestro, então *chairman* do *Federal Reserve*, sucumbiu à tese dos formidáveis ganhos de produtividade para justificar a "exuberância irracional" que impulsionava os preços dos ativos. Os rendimentos esperados nos empreendimentos do "mundo real", dizia ele, sancionavam a explosão dos créditos securitizados e as elevadas taxas de capitalização observadas nas bolsas de valores.

Desgraçadamente o ciclo dos anos 2000 e seu desfecho desastroso não confirmaram as suposições que sustentam a hipótese das expectativas racionais. Prevaleceram os ditames da concorrência desaçaimada entre os possuidores de riqueza associada ao crédito elástico, o que estimulou o surgimento de surtos de valorização puramente "fictícia" da riqueza. Os preços dos ativos "descolam" dos indicadores da economia real, a do emprego e da renda, produzindo distorções nas relações preço/rendimentos ou preço/lucro. Hoje em dia, poucos concordam que os mercados financeiros atendam aos requisitos de eficiência, no sentido proposto pelo economista Eugenio Fama.

As decisões cruciais no capitalismo são tomadas pelos donos da riqueza e de sua forma suprema, o dinheiro. Frágeis e ariscas subjetividades, os potentados do capitalismo são, ao mesmo tempo, escravos da imensa fábrica social montada para produzir riqueza monetária. Estão obrigados a seguir a regra do quanto mais, melhor. A compulsão os afasta da utopia de Bentham e dos utilitaristas, cuja filosofia está nas origens da moderna teoria econômica: esses reformadores viam na sociedade burguesa a realização da felicidade geral, produzindo e consumindo conforme sua escala de preferências, de modo a gerar riqueza e renda para o maior número de pessoas.

Marx, Keynes e Schumpeter desmontaram as elegâncias do capitalismo bem comportado ao desvendar no dinheiro, em sua forma essencial de riqueza-potência, a ponte que permite a passagem do presente quase certo para um futuro terrivelmente incerto. Forma necessária, porque o dinheiro não apenas intermedeia transações entre valores existentes. Ademais de um meio de circulação de mercadorias e ativos existentes, o dinheiro em sua forma capitalista é, sobretudo, uma aposta na geração e acumulação de riqueza futura, o que envolve o pagamento de salários monetários aos trabalhadores e a aquisição de meios de produção com o propósito de captura de um valor monetário acima do que foi gasto. Se não há aposta na criação de riqueza futura, não há gasto e, se não há gasto, o circuito da renda monetária fenece. Por isso mesmo, se não há confiança na recuperação vantajosa do gasto, o potencial criador de riqueza recolhe seus impulsos criativos para repousar o dinheiro nos confortos do dinheiro como forma geral da riqueza, a preferência pela liquidez. Simples assim.

Em uma economia monetária, o constrangimento de recursos (real) e o constrangimento do fluxo de caixa (monetário) diferem, porque bens não são trocados por bens, mas por dinheiro ou demanda por ele (crédito). Crédito e dívida são essencialmente formas de criação de moeda como riqueza potencial. Isso significa que, no capitalismo, o dinheiro não se limita a facilitar a troca de recursos reais, mas engendra sistematicamente a multiplicação de direitos financeiros sobre esses recursos.

É possível afirmar que os três autores desenvolveram as teorias mais consistentes sobre a moeda. Além de visões "heréticas" sobre o papel da moeda, os três pensadores estão reunidos pelo ano de 1883, quando morre Karl Marx e nascem Joseph Schumpeter e John Maynard Keynes.

É interessante analisar um deles (Schumpeter) comentando outro (Keynes): foi provado extraordinariamente difícil para economistas reconhecerem que empréstimos bancários e investimentos bancários criam depósitos. Na realidade, durante o período de 1870 a 1914 e depois, eles se recusaram a admitir em, praticamente, unanimidade. E mesmo em 1930, quando a grande maioria foi convertida e passou a aceitar a ideia, Keynes corretamente sentiu ser necessário expor novamente e defender essa doutrina e, mesmo agora, alguns dos seus aspectos mais importantes não podem ser ditos como totalmente compreendidos. Essa é uma das mais interessantes ilustrações das inibições que o avanço analítico tem de lutar, o fato de que as pessoas podem estar perfeitamente familiarizadas com um fenômeno por gerações e até discuti-lo frequentemente sem realizar seu verdadeiro significado e sem admiti-lo em seu esquema geral de pensamento.

Deve parecer especialmente estranho ao leitor que os dois maiores economistas do século XX, contemporâneos, advogassem teses similares e não adotadas como visão predominante. O próprio Schumpeter comenta essa subversão:

> Há, no entanto, uma sequência no tratamento de Lord Keynes ao tema da criação do crédito no *Treatise* de 1930 que se faz necessário notar. O empréstimo bancário criador de depósito, e seu papel no financiamento do investimento sem qualquer poupança prévia da soma emprestada, praticamente desapareceu no esquema analítico da Teoria Geral, onde novamente a poupança pública segura a cena. De fato, o Keynesianismo

À GUISA DE PREFÁCIO

> Ortodoxo reverteu a visão antiga na qual as questões centrais sobre o mercado de dinheiro estão analiticamente rendidas pelos meios da propensão a poupar do público acoplada à sua preferência pela liquidez. Eu não posso fazer mais do que advertir a esse fato. Se isso significa progresso ou retrocesso, cada economista deve decidir por si mesmo.

A subversão completa da teoria monetária keynesiana será operada pelos modelos de IS/LM, que cuidarão, por meio da chamada síntese neoclássica, de transformar a revolucionária contribuição de Keynes em uma hipótese dentro da teoria econômica convencional. Schumpeter também será vítima de um processo similar, como explica Fritz Karl Mann. Sua teoria sobre *Business Cycles* foi dispensada e considerada inconclusiva, em grande medida pelo papel central desempenhado pela criação do crédito, excessivamente estranho ao dogma reinante. Sua Teoria do Desenvolvimento Econômico foi reduzida a uma mera explanação do desenvolvimento econômico nos termos de um empreendedor no vácuo, desconsiderando o papel essencial do crédito, precisamente, em capacitar e possibilitar ao empreendedor intervir no processo econômico. Para Schumpeter: "Entre os tipos de agentes econômicos que a análise da realidade nos revela, o empreendedor é o típico devedor".

Na economia monetária, os períodos de "normalidade" são sustentados por arranjos sociais e formas institucionais que compõem um determinado "estado de convenções". Nesse ambiente cognitivo e psicológico, o presente parece confirmar o passado e indicar os critérios para o futuro. Desafortunadamente, quando a cadeia de certezas está no auge, irrompe a reversão, muitas vezes o colapso. Neste momento de agruras, tornou-se evidente que a acumulação de bons resultados precipitou a deterioração da percepção do risco. A "comunidade de investidores" passou a sobrestimar os ganhos, provocando violenta e generalizada "inflação de ativos", investimento excessivo em muitos setores e fragilidade financeira. Daí a alta chance de uma crise bancária e o desconforto dos países com serviços pesados de seu passivo externo.

Quando a maré sobe, não há prudência ou conselho capazes de resistir à liberação completa das forças da ambição. Estas se apresentam, aliás, como oniscientes, onipotentes, sólidas, inexpugnáveis. Até o momento em que a terra se abre – *Wham*!!! – e engole os incautos.

Aqui cabe uma analogia entre a concepção "equilibrista" dos economistas e as hipóteses a respeito dos incidentes geológicos. As primeiras hipóteses a respeito dos terremotos e outros incidentes geológicos estavam amparadas nas concepções de anormalidade e excepcionalidade. No mundo da Ciência Triste, depois do choque da crise de 2007/2008, economistas e quejandos, sofreram um apagão intelectual. No auge da tormenta, recolheram-se ao silêncio. Passado o vendaval que ajudaram a semear, já agarrados aos salva-vidas lançados pela "famigerada" intervenção dos governos, entregaram-se a tortuosas e acrobáticas manobras de justificação de suas convicções.

Quando tratam das flutuações da economia, os economistas da corrente dominante costumam atribuir as crises a "choques externos", a forças que não são gestadas pelo movimento endógeno do sistema econômico. Entre tantas obscuridades, as teorias dominantes embaralham as relações entre gasto, renda, dívida privada e dívida pública.

Robert Lucas empenhou-se em demonstrar que todos os mercados estão em equilíbrio em todos os momentos e, sobretudo, "temos um mercado de trabalho equilibrado em cada ponto no tempo". Se os indivíduos são racionais e conhecem a estrutura da economia, estão aptos a antecipar corretamente sua trajetória probabilística. Os mercados são, portanto, eficientes, e a crise que aconteceu não poderia ter acontecido.

O economista da Universidade de Chicago não estava sozinho. Em 1997, Olivier Blanchard, ainda perseguindo suas velhas ideias, havia publicado *Macroeconomics*, um manual destinado a tornar-se um extraordinário sucesso: "Minha esperança é que os leitores deste livro vão compreender a macroeconomia como um todo, não como uma coleção de modelos tirados da cartola".

Blanchard ocuparia o posto de economista-chefe do FMI entre 2008 e 2015, talvez um reconhecimento das certezas de seu livro. No mundo das certezas de Blanchard e Lucas, a economia estaria agarrada inexoravelmente ao equilíbrio de longo prazo, graças à operação das "forças naturais" do mercado, as sedutoras valquírias da eficiência e da produtividade, empenhadas na cavalgada rumo ao *Walhalla* do Produto Potencial, ou seja, aquele que supõe uma permanente trajetória de equilíbrio de pleno emprego, sujeita apenas a suaves flutuações.

Entre as pérolas lapidadas pelos corifeus da naturalidade da economia autorreequilibradora figura a hipótese da *austeridade expansionista*. Esse prodígio da inventividade dos economistas apoia-se na suposição de efeitos virtuosos acarretados pelo equilíbrio fiscal sobre as expectativas dos agentes relevantes. A ideia é de uma simplicidade assustadora. A economia é autorregulada pelas forças da racionalidade do *homo oeconomicus*. Deixada às suas próprias forças ela tende naturalmente ao equilíbrio de longo prazo, proporcionando o máximo de bem-estar para os agentes envolvidos, resguardadas as limitações da escassez de recursos e as possibilidades oferecidas pelo avanço tecnológico. Sendo assim, a presença do Estado deve se restringir à garantia da segurança jurídica que assegure o cumprimento dos contratos.

Já dissemos no livro *Manda quem pode e obedece quem tem prejuízo* que as advertências acerca das inconveniências das políticas fiscal e monetária estão assentadas sobre precários fundamentos teóricos. Lá está escrito, e aqui reafirmamos, que na visão ortodoxa, a política fiscal deve estar encaminhada para uma situação de equilíbrio intertemporal sustentável, dito estrutural; e a política monetária deve ser assentada na coordenação das expectativas dos indivíduos racionais (regime de metas) e controlada por um banco central independente. Estas condições macroeconômicas significam que as duas dimensões inexoravelmente *públicas das economias de mercado – a moeda e as finanças do Estado – devem ser administradas de forma a não perturbar o funcionamento das forças que sempre reconduzem a economia ao equilíbrio de longo prazo.*

As insuficiências dessa concepção chegaram a tais absurdos que suscitaram reações no ambiente ortodoxo. Ao tratar da austeridade, o estudo do FMI "Neoliberalism: oversold?" indica: a elevação de impostos ou do corte de gastos para reduzir a dívida pode ter um custo muito maior do que a mitigação do risco de crise prometida pela sua redução. É preferível a eleição de políticas que permitam a redução do percentual da dívida, diz o FMI, "organicamente pelo crescimento".

Segundo o estudo, as políticas de austeridade não só geram substanciais custos ao bem-estar pelos canais da oferta, como deprimem a demanda e o emprego. A noção de que a consolidação do orçamento pode ser expansionista (isto é, aumento do crescimento e do emprego), por elevar a confiança do setor privado e o investimento, não se confirmou na prática.

Episódios de consolidação fiscal foram seguidos por reduções, mais do que expansões no crescimento. Na média, a consolidação de 1% do PIB eleva a taxa de desemprego em 0,6% no longo prazo, e o coeficiente de Gini (concentração de renda) em 1,5% dentro de cinco anos.

Nas catacumbas desse pensamento peregrino, descolado das condições reais, seja qual for o significado da palavra reais, rastejam os Modelos Dinâmicos Estocásticos de Equilíbrio Geral. Nessa geringonça habita o Produto Potencial, uma construção inobservável que se propõe a definir as trajetórias dessa Enteléquia, com pleno emprego dos fatores e inflação dentro da meta.

O "hiato do produto" – a diferença entre o PIB real e a Enteléquia inobservável – *é o indicador da posição cíclica da economia: quando o hiato é positivo, diz-se que a economia está superaquecida; um hiato negativo assinala a subutilização de recursos econômicos.*

Imagino que os ditos modelos apontem, nesse momento de pandemia, para um encolhimento do Produto Potencial causado pela derrocada das estruturas da oferta nas economias: as empresas fecham, a taxa de desemprego natural dispara, a produtividade despenca.

Os economistas Rodrigo Orair, Sérgio Gobetti e Manuel Pires escreveram no Observatório Fiscal do IBRE-FCV que "a dinâmica das despesas também é afetada pela dinâmica do PIB". Eles prosseguem buscando estabelecer os limites do conceito de PIB potencial:

> Em períodos de baixo crescimento e elevada ociosidade, podem levar a percepções enganosas sobre o seu comportamento. Os analistas usam o conceito de PIB potencial para expurgar o efeito das condições cíclicas da economia sobre a análise da despesa

pública. Para avaliar esse efeito compara-se a despesa pública pelo PIB efetivo e pelo PIB potencial tal como divulgado pelo Observatório de Política Fiscal.

Essa abordagem deve ser vista com cuidado, pois as estimativas de PIB potencial contêm elevada incerteza e provavelmente devem ter sido afetadas pela crise de 2015-16 e voltarão a ser afetadas pela pandemia. De todo modo, a reflexão reforça a ideia que a tendência de crescimento da despesa, nos últimos anos, combina elementos estruturais como a previdência e as despesas com pessoal, mas também têm sido afetadas pelo ciclo econômico desfavorável.

Nesse caso, a despeito do colapso do Produto observável, o cálculo do hiato do produto poderia constatar que essa medida não observável estaria registrando um superaquecimento da economia, e qualquer iniciativa anticíclica da política monetária promoveria uma disparada da inflação.

Como ensina o economista americano Robert Gordon, "para qualquer projeção de crescimento do PIB Observável, um crescimento mais lento do PIB Potencial significa que o hiato do produto vai transitar da região negativa para o território positivo, suscitando pressões sobre a taxa de inflação". No popular: "não mexam na demanda porque tudo é pelo lado da oferta".

Lucas e Blanchard entendiam, então, que incumbe à política econômica atender às expectativas dos agentes racionais, sinalizando que as decisões de política estarão comprometidas com a manutenção da economia na trilha do "Produto Potencial". O super-homem, aquele das expectativas racionais, não se engana com os "truques nominais" da política monetária e da política fiscal. A hipótese das expectativas racionais postula a superneutralidade da moeda e o "teorema da equivalência ricardiana": o agente racional reconhece o caráter "artificial" das tentativas de estimular a economia com políticas expansionistas fiscais e monetárias e sabe que os truques nominais e o déficit fiscal de hoje serão corrigidos "estruturalmente" por mais impostos amanhã. A tentativa da política econômica para reduzir o desemprego só resultaria em maiores taxas de inflação e na necessidade de maiores impostos no futuro.

A utilização do Produto Potencial e dos correspondentes hiatos do produto – positivo ou negativo – constituem um esforço singular da Teologia Do Equilíbrio. A construção dos modelos que abrigam o Produto Potencial se esmera em expurgar os fatores de demanda do desempenho das economias capitalistas. Esse procedimento equivale a promover um jogo de futebol sem a bola. Os jogadores se movimentam em torno de uma bola imaginária e certamente os gols, de um lado ou de outro, resultarão de uma marcação arbitrária do juiz da partida fantasma. Nesse caso, o VAR está dispensado.

A economista Orsola Constantini cuida de investigar as razões da utilização do Orçamento Ciclicamente Ajustado pelos governos nas últimas décadas. Esse procedimento é o filhote de estimação do Produto Potencial e o padrasto do Teto de Gastos curupira.

Diz Constantini que:

> (...) o Orçamento Ajustado Ciclicamente é uma estimativa estatística que orienta os funcionários do governo nas decisões de gasto e tributação. Muitos economistas dirão que essa ferramenta é imprecisa. No entanto, as instituições nacionais e internacionais dependem dela para justificar decisões importantes.
>
> Mas, há algo que os especialistas não dizem: o orçamento ajustado ciclicamente pode ser facilmente manipulado, dependendo da direção dos ventos políticos. Além disso, sua aparência técnica é suficientemente obscura para que as pessoas leigas olhem para essa construção como objetiva e indiscutível. É aí que começa a encrenca.
>
> Políticos e funcionários do governo que usam o Orçamento Ciclicamente Ajustado podem limitar o leque de escolhas políticas que parecem viáveis para a sociedade. Os formuladores de políticas também podem evitar o incômodo de assumir a responsabilidade política por essas escolhas.

— Tivemos que fazer isso! O orçamento diz isso! Gol da austeridade, aponta o árbitro tecnocrata. Os economistas do Teto de Gastos comemoram.

À GUISA DE PREFÁCIO

As recomendações e análises dos economistas (inclusive as nossas), mesmo quando prestadas em boa fé, estão eivadas de valorações e pressupostos não revelados, para não falar de ostentações de rigor e cientificidade incompatíveis com a natureza do objeto investigado. Esse incidente, o desacordo entre o método de investigação e a natureza do objeto investigado, é quase sempre ignorado pelos praticantes da Ciência Triste. Isso não lança necessariamente dúvida sobre a honestidade intelectual dos economistas, mas os obriga a explicitar as "visões", como dizia Schumpeter, que antecedem e fundamentam suas análises. Essas cautelas tornam-se ainda mais imperiosas quando as sabedorias dos interesses subjugam os interesses pelo conhecimento.

Em seu empirismo degradado, a corrente majoritária de economistas se dedica a colar os ouvidos no que consideram a "realidade" para escutar as vozes dos números. Como fazem as perguntas erradas, os números respondem banalidades. Não há como discordar do filósofo italiano Giacarlo Lutero em seu artigo no portal *Sinistrainrete*:

> A realidade é interpretada por meios que muitas vezes se originam de uma abordagem neoempirista crua e superficial e de uma hegemonia escandalosa, aparentemente não aberta a críticas, de dados econômicos e estatísticos, estimados de forma opaca por agências supranacionais de vários tipos e credibilidade. Com perplexidade, testemunhamos uma atitude de indiferença serena — se não de desprezo generalizado — pela reflexão conceitual; uma atitude à qual é necessário contrapor a centralidade do processo de abstração como uma forma essencial que ilumina a descoberta de uma verdade, parcial e limitada, apenas um elemento provisório da compreensão profunda de uma totalidade orgânica sendo estudada.

Assim, os economistas Carmen Reinhart e Kenneth Rogoff ensaiaram estabelecer uma relação entre dívida pública e crescimento. Seu modelo econométrico sugeriu o declínio do crescimento quando a relação dívida/PIB tocava os 90%. Foram alvejados por uma fuzilaria que acusou procedimentos inadequados.

Suas matemáticas de má qualidade lembram as observações de Einstein a respeito da tentativa de Schroedinger de formular um modelo que teria superado a Teoria da Relatividade: "A última tentativa do professor Schroedinger deve ser julgada apenas por suas qualidades matemáticas, mas não do ponto de vista da 'verdade' e congruência com os fatos da experiência".

Depois de ouvir as respostas malcriadas às suas perguntas mal formuladas, esses mesmos sabichões da empiria insistem, com seus números fajutos, em avaliar as coisas e os homens ou, se quiserem, as coisas dos homens e, sobretudo, os homens das coisas.

Alguém já disse que o pensamento mercadista não trata das coisas dos homens, mas dos homens das coisas. A apropriação dos homens pelas coisas realiza o fenômeno da reificação. Os homens e mulheres perdem sua autonomia ao serem controlados e dirigidos pelos movimentos abstratos das estruturas do capitalismo.

Nos tempos da pandemia, alguns economistas ousaram utilizar as análises custo-benefício para calcular o valor monetário da vida e da saúde humanas. Não se trata de um deslize acidental, mas do formato constitutivo do pensamento econômico dominante.

Outros não são os procedimentos que enfiam a política fiscal brasileira nos ridículos limites do Teto de Gastos. As vítimas dessa patetada são os milhões de brasileiros lançados nos territórios da fome. Os gastos do governo federal no Brasil, ao longo de 20 anos, devem crescer apenas corrigidos pela inflação do ano anterior. Isso significa que o volume de gastos vai ser mantido constante em termos reais, independentemente do estágio do ciclo econômico.

O então Secretário do Tesouro Nacional, Mansueto Almeida confirmou que "pela lei do teto, os gastos públicos crescem apenas pela inflação. Como parte dos gastos é indexada à inflação e outra tem aumentos automáticos (como promoções no serviço público), as despesas obrigatórias sobem acima do teto". À custa dos investimentos, como o inferno é apinhado de boas intenções, "a expectativa é de que o setor privado pudesse suprir a lacuna".

À GUISA DE PREFÁCIO

Recusamo-nos a entender esses fenômenos cognitivos como uma perversidade coletiva ou individual dos praticantes da Ciência Triste. É um modo de ser que começa a se esboçar na definição do objeto dessa área do conhecimento que se pretende científica.

- Como sugerimos no livro *Manda quem pode, obedece quem tem prejuízo,* esses modelos, sobretudo os que se pretendem dinâmicos, não excluem flutuações da economia, mas atribuem o fenômeno aos chamados "ciclos reais" produzidos por mudanças nas preferências dos consumidores ou no progresso tecnológico.

- Os inconvenientes formais introduzidos pela presença nos mercados de uma diversidade de "indivíduos" com funções heterogêneas e livre-arbítrio foram desviados nos modelos Dinâmicos Estocásticos de Equilíbrio Geral pela introdução do "agente representativo" com "expectativas racionais".

- O fracasso ontológico e epistemológico dessa quimera é escorchado nas crises. Se os indivíduos são racionais e conhecem a estrutura da economia, estão aptos a antecipar corretamente sua trajetória probabilística.

- No livro *Forecast:* what extreme weather can teach us about economics, o físico Mark Buchanan assevera que a dita ciência econômica apresenta um desvairado desempenho, "algo mais ou menos equivalente à física da Idade Média". Na visão de Buchanan, à semelhança dos meteorologistas, os economistas deveriam considerar a existência de fortes instabilidades governadas por "realimentações positivas" nos processos de mercado. Na linguagem popular: Uma coisa é uma coisa, outra coisa é a mesma coisa.

- O economista Willem Buiter desancou a revolução novo--clássica das expectativas racionais, associada aos nomes de Robert Lucas e Thomas Sargent, entre outros. A teoria econômica, diz ele, "tornou-se autorreferencial... impulsionada por uma lógica interna e por quebra-cabeças estéticos, em vez de motivada pelo desejo de compreender como a economia funciona... Assim, os economistas profissionais estavam despreparados quando a crise eclodiu".

Abalroado pelos vagalhões da crise de 2008, Olivier Blanchard escreveu uma crítica incômoda para crentes e adjacências da teologia dos modelos Dinâmicos Estocásticos de Equilíbrio Geral. No texto "Where Danger Lurks", o autor dedica-se ao desvendamento das relações perigosas entre o pensamento dominante, as mazelas e omissões dos formuladores das políticas e as ilusórias condições sociais e econômicas que ensejaram tal contubérnio. Blanchard dispara:

> As técnicas que utilizamos afetam profundamente nosso modo de pensar, nem sempre de forma consciente. Esse é o caso da macroeconomia dominante nos anos que antecederam a crise. As técnicas estavam ajustadas a uma visão do mundo na qual as flutuações econômicas ocorriam de forma regular e autocorretiva.

Para compreender como essa visão surgiu, diz Blanchard, é preciso retroceder, assim chamada, "revolução das expectativas racionais" dos anos 1970. A ideia central não é nova: o comportamento dos indivíduos e das empresas não depende apenas das condições econômicas presentes, mas das expectativas a respeito do futuro. A novidade está no suposto que afirma a capacidade dos indivíduos e das empresas em obter a melhor avaliação possível do futuro. Aqui, Blanchard introduz uma ligeira dificuldade "técnica": as decisões dependem do futuro esperado, mas (na vida dos homens) o futuro esperado é "construído" pelas decisões do presente. A incerteza keynesiana esgueirou-se furtivamente nas cidadelas do agente representativo, o guardião das expectativas racionais.

No auge das perplexidades, no dia 19 de dezembro de 2018, a *Fundação Giangiacomo Feltrinelli* promoveu o simpósio "(Não) há alternativas, senão pensar uma alternativa". Os debatedores convidados foram Olivier Blanchard e Emiliano Brancaccio, um economista italiano inconformista.

Em sua intervenção, Blanchard reproduziu o ponto de vista que esposou no livro *Rethinking stabilization policy:* evolution or revolution?, escrito em parceria com Lawrence Summers:

À GUISA DE PREFÁCIO

> Os eventos dos últimos dez anos colocaram em dúvida a presunção de que as economias são capazes de se auto estabilizar, levantaram novamente a questão se choques temporários produzem efeitos permanentes e demonstraram a importância das não linearidades.

Blanchard e Summers abordam as três principais lições após dez anos da crise financeira global de 2008:

> A primeira lição diz respeito ao papel crucial do setor financeiro e aos custos das crises financeiras. A segunda é a natureza complexa das flutuações, desde o papel das não linearidades ao longo de caminhos potencialmente explosivos ou implosivos, até os limites da política econômica diante dos efeitos remanescentes dos choques. A terceira lição ensina que, no ambiente extraído das duas primeiras lições, exige-se repensar não só a política monetária, mas também políticas fiscais e financeiras.

Desconfiamos que as não linearidades devam ser atribuídas a uma constatação banal: as "leis" que regem a dinâmica do sistema econômico e social alteram seu movimento ao longo do tempo. O suposto de longo prazo dos modelos bonitinhos e bem-comportados estende indefinidamente o tempo para aprisioná-lo nos jazigos da "rigidez cadavérica".

São muitas as reações ao "descolamento" da teoria dominante diante do movimento concreto das economias contemporâneas. Entre tantas, apresento as desavenças de Robert Skidelsky, o biógrafo de John Maynard Keynes.

Skidelsky publicou recentemente o livro *What's wrong with economics?* Entre suas críticas mais contundentes, salienta-se o tratamento das hipóteses que celebram a natural tendência ao equilíbrio das economias ditas "de mercado", pseudônimo malandro para esconder a designação "capitalista". Equilíbrio, diz ele, "é o princípio que rege a ordem na economia. É o resultado espontâneo das transações de mercado e farão o trabalho necessário para garantir a cooperação social. O Estado deve se restringir à garantia da lei e da ordem".

Em sua caminhada crítica, Skidelsky menciona o papel incômodo do dinheiro para as teorias ortodoxas...

> A macroeconomia dominante deita suas raízes na microeconomia – o estudo da lógica da escolha em um mercado sem dinheiro. O dinheiro, essa força estranha, não só é tratada à parte, como também é "neutralizada" para não perturbar a ação dos indivíduos racionais.

Skidelsky afirma, ademais, que os manuais de macroeconomia introduzem o dinheiro em capítulos posteriores como um fator "complicador". A macroeconomia keynesiana, diz nosso autor, tentou levar em conta esse "fator complicador" para explicar a instabilidade das economias capitalistas. Nas últimas quatro décadas, os economistas do equilíbrio e dos mercados financeiros eficientes voltaram-se à microeconomia para assegurar que o dinheiro pode se comportar de forma não perturbadora.

Mas as sucessivas crises financeiras não deram sossego à tigrada, pois os mercados financeiros acolhem o dinheiro em sua forma mais perturbadora e demoníaca, a reserva de valor.

CAPÍTULO I
LIÇÕES MACROECONÔMICAS E POLÍTICAS DO CORONAVÍRUS

Alguém já disse que nas crises o capitalismo expõe suas entranhas. Se é assim, a crise do Coronavírus oferece a oportunidade de entrever essas entranhas e as semelhanças e diferenças com as crises anteriores.

A semelhança deve ser perscrutada na observação da *estrutura de relações* das economias capitalistas e sua dinâmica. Estamos falando de economias de mercado monetárias-capitalistas. Trata-se de um sistema complexo de relações e interdependências, assentado na divisão do trabalho e na separação de funções entre as classes sociais. Na linguagem comum e corrente, usamos a expressão "a Ford pertence ao ramo automobilístico", pois, a Ford, para montar seus automóveis e caminhões, precisa de peças, componentes e equipamentos produzidos por empresas de autopeças e equipamentos, de bens de capital. Esse exemplo pode ser estendido para todos os setores e subsetores da economia.

As relações de intercâmbio entre as empresas nos diversos ramos são realizadas mediante o pagamento em dinheiro. Em um sistema de divisão do trabalho muito avançada, como observamos nas economias contemporâneas, não é admissível a troca de mercadorias por mercadorias. Aqui entra um outro elemento fundamental. Para produzir todas essas mercadorias e negociá-las nos mercados, as empresas precisam contratar trabalhadores para mover seus equipamentos. Os salários desses trabalhadores são pagos em dinheiro. Em ambas as situações, há previsibilidade de fluxo monetário entre as partes, o que alimenta expectativas e estabelece premissas para planos presentes e futuros de consumo, investimento e poupança.

Vamos imaginar que o processo de produção vai começar no momento X. Está tudo parado e o sistema de produção e de relações salariais e empresariais vai dar a partida, lembrando que os participantes do jogo só aceitam dinheiro pela venda de suas mercadorias.

Esse sistema complexo, em sua evolução, criou uma forma interessante de criar dinheiro para dar início ao jogo do mercado. Os bancos já existiam antes do capitalismo completar o seu organismo com a revolução industrial. Os grandes banqueiros eram especializados em financiar os reis, príncipes e suas intermináveis guerras.

É sabido que o dinheiro existe desde as civilizações primevas, como a Mesopotâmia, mas somente nas economias de mercado capitalistas a sociabilidade é construída e articulada pelos nexos monetários. Nosso amigo José Francisco Gonçalves sentenciou: nas economias capitalistas, os bens e serviços que satisfazem as necessidades não saem das mãos dos produtores para circular nos "mercados" sem o carimbo monetário, o preço. Mas a colocação no mercado desses bens e serviços pelos produtores ou possuidores ocorre apenas quando são positivas as expectativas de apropriação privada de um valor monetário acrescentado do lucro.

Com o avanço do comércio, a dissolução dos nexos de dependência pessoal do feudalismo e o surgimento dos trabalhadores livres e assalariados, o dinheiro criado pelos bancos foi adquirindo um caráter universal, ou seja, deve ser aceito em todas as negociações, transações e, sobretudo, na marcação do valor da riqueza registrada nos balanços. Não só as mercadorias têm que receber o carimbo monetário, mas a situação patrimonial, devedora ou credora, das empresas e bancos deve estar registrada nos balanços. Nesse caso, o dinheiro aparece em sua função de reserva de valor, forma geral da riqueza.

CAPÍTULO I - LIÇÕES MACROECONÔMICAS E POLÍTICAS...

O dinheiro é argamassa das relações nas economias capitalistas. O mercado só funciona quando esse senhor dos destinos permite, ou melhor, faz circular as mercadorias, os ativos, e chancela o valor da riqueza.

Os "fluxos de crédito" promovem contínuas mudanças na composição dos estoques de riqueza. São íntimas as relações entre o avanço do sistema de crédito e a acumulação de títulos que representam direitos sobre a renda e a riqueza. Gerado ao longo de vários ciclos de dinheiro de crédito, esse *estoque* de certificados de propriedade (ações) e títulos de dívida (direitos à renda e à expropriação) é avaliado diariamente nos mercados organizados. Essa avaliação depende fundamentalmente das expectativas dos agentes do mercado. E essas expectativas não têm fundamentos, mas flutuam conforme as ondas de otimismo e pessimismo ou, se quiserem, conforme a alternância entre a ganância e o medo.

Na crise do Coronavírus, os mercados financeiros perderam a capacidade de avaliar o preço dos ativos. O medo esmagou a ganância. Nos momentos de "crise de liquidez", os portfólios se precipitam em massa para o ativo que encarna — no imaginário social e na prática dos agentes privados — a forma geral da riqueza. No entanto, se todos correm para a liquidez, poucos conseguem atingí-la. Na dança das cadeiras, muitos ficam sem assento. Só o provimento de liquidez pelo Banco Central salva.

Salva, mas acentua a "preferência pela liquidez" dos bancos, empresas e famílias, impulsionando as divergências entre a expansão da riqueza financeira e o gasto produtivo na formação da renda. Isso sugere que, na saída da crise, a política de expansão monetária vai necessitar do auxílio do gasto fiscal para aplacar o medo e ressuscitar a ganância dos bancos e empresas.

Na verdade, ninguém existe sem o dinheiro, nem os empresários, e muito menos seus empregados. Uma empresa ou um trabalhador que não consegue ganhar dinheiro são socialmente inexistentes. Os homens e mulheres de carne e osso que dão suporte a essas funções monetárias continuam existindo, mas sem condições de prover a sua sobrevivência ou subsistência.

Assim, no capitalismo, o dinheiro é uma instituição social fundamental que só pode ser concebida e administrada no âmbito da Soberania do Estado, assim como o monopólio da violência (polícia e forças armadas) e a prerrogativa de impostos.

O Estado é o senhor da moeda, mas os bancos, sob a supervisão e o controle do Banco Central são incumbidos da criação monetária mediante operações de crédito, o que permite a antecipação de expectativas futuras de produção e emprego, em virtude da tomada de risco pelos devedores, amparada na capacidade de alavancagem da atividade bancária.

Em tempos de comércio eletrônico, os bancos são o "*marketplace* financeiro", pois conectam, com a vantagem de poder emprestar mais do que arrecadam, poupadores e tomadores de recursos que nunca se encontrariam. Para isso, tomam risco dos recursos emprestados e se remuneram a partir dessa "conexão". Por que isso é assim? Assim é, porque, em sua dimensão monetária, o capitalismo revela o indissociável contubérnio entre o Universal e o Particular, entre o Estado e o Mercado, entre a Comunidade e o Indivíduo. O dinheiro não pode ser criado e entrar em circulação sem a benção do Estado e a unção das relações de propriedade, as relações débito-crédito. A criação monetária executada pelos bancos sob a supervisão do Estado reforça as relações de propriedade: o banco credor empresta exercendo a função de agente privado do valor universal. O devedor exercita seus direitos usufruindo o valor universal como proprietário privado.

Se não pagar a dívida, o agente privado do valor universal pode expropriar o devedor de sua propriedade.

Ao administrar o crédito e, portanto, a criação de moeda, os bancos ganham a prerrogativa de abastecer as necessidades de liquidez da economia. Isso impõe as regras de gestão monetária: a moeda de crédito, ao mesmo tempo em que transforma os bancos em emissores de meios de pagamento, também concede uma centralidade incontornável ao Banco Central, sendo que, a exemplo dos salários e outras despesas citadas acima nas relações de intercâmbio entre as empresas mencionadas no início do texto, o abastecimento das necessidade de liquidez da economia é entendido como previsível por diversos agentes dessa cadeia relacional, – empregados, empregadores, fornecedores e clientes – pois, apesar de integrados, os fluxos de negócios geram, naturalmente, descasamentos monetários entre as partes do circuito, recorrentemente abastecido pelos bancos para que a circulação da moeda não seja interrompida.

O Banco Central estabelece as mediações entre os bancos privados e a soberania monetária do Estado. O Banco Central cuida de regular as delicadas relações entre as duas naturezas da moeda: 1) a moeda como bem público – ou seja, referência "confiável" para as decisões de endividamento destinado a prover moeda às relações de intercâmbio, ao consumo e ao investimento – e 2) sua "outra" natureza, a de objeto do enriquecimento privado.

A divergência de opinião em torno da independência dos Bancos Centrais e das regras adequadas de gestão monetária refletem a dupla e contraditória natureza do dinheiro nas economias capitalistas. O dinheiro é simultaneamente um bem público e objeto de enriquecimento privado. Enquanto "bem público", referência para os atos de produção e intercâmbio de mercadorias, bem como para a avaliação da riqueza e das dívidas, o dinheiro deve estar sujeito a normas de emissão e circulação que garantam a reafirmação de sua universalidade como padrão de preços, meio de pagamento e reserva de valor.

Numa economia monetária, o enriquecimento privado só pode ser buscado mediante a produção de mercadorias ou a posse de ativos que dão direito a rendimentos futuros. Trata-se de uma aposta, em condições de incerteza, na possibilidade dessas formas "particulares" de riqueza preservarem o valor no momento de sua conversão para a forma "geral", o dinheiro.

Em todas as crises ocorre uma desarticulação dos nexos monetários. O mercado, ou seja, o circuito de transações entre empresas e empresas, empresas e trabalhadores e, sobretudo, entre bancos, empresas e consumidores, deixa de funcionar. Os trabalhadores são dispensados, as empresas não recebem umas das outras e deixam de pagar o serviço das dívidas com os bancos.

Vamos conversar sobre outras crises diferentes, mas iguais.

Em 1929, o gatilho da Grande Depressão foi o colapso da Bolsa de Valores de Nova York determinado por uma tentativa do *Federal Reserve* de cessar a supervalorização das ações estimulada por uma expansão frenética do crédito –, gerando expectativas não consistentes sobre o valor de mercado das empresas, algo muito parecido com 2008 –, por meio de instrumentos de mercados de capitais.

Os bancos comerciais mandavam brasa no financiamento da compra de ações – a chamada alavancagem – e isso foi acompanhado pelas demais instituições financeiras não-bancárias, tais como bancos de investimento, associações de poupança e empréstimo e fundos de pensão.

Franklin Delano Roosevelt assumiu o governo dos Estados Unidos quando a depressão de 1929 andava brava. A derrocada financeira foi enfrentada com o *Emergency Bank Bill* de 9 de março de 1933 e pelo *Glass-Steagall Act* de junho do mesmo ano. Esses dois instrumentos legais permitiram um maior controle do *Federal Reserve* sobre o sistema bancário. Roosevelt facilitou o refinanciamento dos débitos das empresas, sobretudo da imensa massa de dívidas dos agricultores, estrangulados pela queda de preços. O *New Deal* utilizou a *Reconstruction Finance Corporation*, criada por Hoover em janeiro de 1932, para promover a reestruturação do sistema bancário e financeiro. Roosevelt impôs a separação entre os bancos comerciais e de investimento; criou a garantia de depósitos bancários; proibiu o pagamento de juros sobre depósitos à vista e estabeleceu tetos no pagamento de juros para os depósitos e prazo (o Regulamento Q sobreviveu até 1965).

No último ciclo de exuberância financeira, que culminou na crise de 2008, também foi ampla e irrestrita a utilização das técnicas de alavancagem e de assunção de riscos com o propósito de elevar os rendimentos das carteiras em um ambiente de taxas de juros reduzidas. Isso favoreceu a concentração da massa de ativos mobiliários em um número reduzido de instituições financeiras grandes demais para falir. Os administradores dessas instituições ganharam poder na definição de estratégias de utilização das "poupanças" das famílias e dos lucros acumulados pelas empresas, assim como no direcionamento do crédito, porém com um efeito de contágio muito superior a 1929.

Na esfera internacional, a abertura das contas financeiras suscitou a disseminação dos regimes de taxas de câmbio flutuantes, que ampliaram o papel de "ativos financeiros" das moedas nacionais, não raro em detrimento de sua dimensão de preço relativo entre importações e exportações.

Na esteira da liberalização das contas de capital e da desregulamentação, as grandes instituições construíram uma teia de relações "internacionalizadas" de débito-crédito entre bancos de depósito, bancos de investimento e investidores institucionais. O avanço dessas inter-relações foi respaldado pela expansão do mercado interbancário global e pelo aperfeiçoamento dos sistemas de pagamentos.

Os bancos de investimento e os demais bancos "sombra" aproximaram-se das funções monetárias dos bancos comerciais, abastecendo seu *funding* com passivos nos "mercados atacadistas de dinheiro" ("*Wholesale Money Markets*"), amparados nas aplicações de curto prazo de empresas e famílias. Não por acaso, nos anos 2000, a dívida intrafinanceira, como proporção do PIB americano, cresceu mais rapidamente do que o endividamento das famílias e das empresas. A "endogeinização" da criação monetária mediante a expansão do crédito chegou à perfeição em suas relações com o crescimento do estoque de quase-moedas abrigado nos "*money markets funds*". Esses fenômenos correspondem ao que Marx designou "controle privado da riqueza social", fenômeno que se realiza no movimento de expansão do sistema capitalista.

Essa socialização da riqueza significa não apenas que o crédito permite o aumento das escalas produtivas e da massa de trabalhadores reunidos sob o comando de um só capitalista. Significa mais que isso: os capitais individuais passam a ser mais interdependentes e "solidários" no sistema de crédito e, portanto, mais sujeitos a episódio de crise sistêmica. A "separação" entre o capital em funções (produtivo) e o capital a juros (capital-propriedade) promove a subordinação "solidária" do capital produtivo à sua forma mais "desencarnada".

A pandemia e o afastamento social provocaram o rompimento abrupto dos nexos monetários, tornando sem efeito todas as estruturas de financiamento voltadas à antecipação de expectativas futuras de negócios e renda, estímulos monetários, que sustentam as relações de oferta-demanda entre bancos, empresas, trabalhadores assalariados e prestadores de serviço autônomos.

Tal ruptura se manifesta no desarranjo dos nexos empresariais e trabalhistas de *demanda e oferta* ao longo das cadeias mercantis. Os agentes hesitam em gastar porque correm o risco de não receber. Acentuamos *demanda e oferta* porque corre por aí, nas bocas dos economistas ortodoxos, que a crise do Coronavírus é uma crise "do lado da oferta". Mais uma bobagem. A ruptura dos nexos mercantis é uma desgraça totalitária, envolve gregos, troianos e cartagineses, além de romanos distraídos.

A separação entre o "lado da demanda" e o "lado da oferta" só pode ser concebida no âmbito microeconômico, ou seja, no comportamento de uma empresa individual. Aí, faz sentido pensar nas condições de oferta, de um lado, e de demanda, de outro, com curvas separadas que se cruzam para determinar o preço de equilíbrio.

Nada valem os modelos de equilíbrio geral que transpõem essa concepção microeconômica para a "economia como um todo" (assim Keynes qualificou o seu tratamento do que hoje se chama macroeconomia). O equívoco fundamental dos modelos de equilíbrio geral é a pretensão de transpor para o conjunto das relações mercantis, a totalidade em movimento, a situação de uma empresa individual, ignorando as próprias expectativas de todos os agentes, o que interfere em suas decisões, notadamente de aversão à perda, o que torna a busca por liquidez desproporcional, prejudicando ainda mais as relações setoriais, em prejuízo, provavelmente, daqueles com menor proteção.

O importante é compreender a natureza do circuito gasto-emprego-renda. Não adianta dizer que a crise é diferente. Ela é diferente, mas é igual, ou seja, é a crise de uma *determinada estrutura de relações*. Essas crises emergem nas pequenas recessões, nas Grandes Depressões. Essa é diferente porque a vulneração veio por uma desarticulação brutal das relações de produção e dos nexos mercantis – sobretudo das relações salariais. Os trabalhadores, assalariados ou informais, são o grupo de risco da pandemia econômica.

Em uma situação como esta, os governos não podem hesitar. Os Bancos Centrais e os Tesouros Nacionais têm que abandonar as regras que ordenam suas relações em tempos de "normalidade". Nesses tempos de normalidade os bancos emprestam para as empresas e para os cidadãos na quase certeza de recuperação do valor emprestado, acrescido da taxa de juros.

Nas crises, rupturas do circuito de renda e emprego, não há valor monetário criado e, portanto, não há valor monetário a ser apropriado. Resta, aos mais abonados, refugiar-se na posse do dinheiro que ainda sobrevive nas contas de cada um, mas não da maioria. Em tal penúria, o Estado pode e deve agir maciçamente nos circuitos de crédito e de gasto fiscal para promover a formação da renda. E deve fazer isso rapidamente para proteger os grupos mais fragilizados, mediante a constituição de programas incumbidos de sustentar as vidas e manter as cadeias de produção em funcionamento.

Certamente há o risco de inadimplência. Cabe aos bancos avaliar a "credibilidade" dos clientes, o que não acontece em movimentos como o atual, no qual a liquidez vem sendo oferecida aos bancos, mas esses têm aversão total à tomada pelo risco pela incapacidade de avaliação da "credibilidade" dos clientes, em especial empresas. Dessa forma, compreender que há um ambiente de anormalidade é fundamental para que o regulador garanta que ocorrerá redução do risco sistêmico da economia, o que envolve a tomada de risco direto por parte do Estado, notadamente para substituir aqueles com menor proteção, como é o caso de médias e pequenas empresas.

Diante do colapso das relações de mercado, os Bancos Centrais são compelidos a tomar medidas de provimento de liquidez e de capitalização dos bancos encalacrados em créditos irrecuperáveis. Os governos têm que engolir o estoque de dívida privada e expelir uma montanha de títulos públicos para garantir a emissão monetária que vai sustentar o gasto público. Há que se ponderar que a ausência de ações de socorro também implicará na queda da arrecadação futura e isso não terá efeito apenas sobre gasto, mas sobre seu financiamento.

Não tem jeito. A crise dos mercados é a crise dos bancos, a crise dos bancos é a crise de crédito. A crise de crédito é a crise do gasto. E a crise do gasto é a crise da renda e do emprego. A rede de pagamentos formada pelo sistema bancário é crucial para o funcionamento adequado dos mercados. Ela se constitui na infraestrutura que facilita o *"clearing"* e a liquidação de operações entre os protagonistas da economia monetária. A preservação dessas instituições, que estão na base do sistema de provimento de liquidez e de pagamentos, justifica as intervenções de última instância dos bancos centrais, sob pena de uma crise de liquidez se transformar numa crise de crédito com efeitos desastrosos sobre a chamada "economia real".

Na ausência de um socorro tempestivo dos bancos centrais, a propagação do pânico ameaça levar à ruptura do sistema de pagamentos. Quando se acentua a percepção de que há risco de insolvência dos devedores – como é o caso da massa de créditos criada no período anterior à pandemia –, as intervenções dos BCs não podem falhar. Se hesitarem, é provável que impeçam imediatamente uma crise de liquidez, mas isso não é suficiente para evitar a contração do crédito.

Não bastam as políticas keynesianas. Estamos vivendo uma situação de economia de guerra: o inimigo é invisível e está em nosso território. A maioria da população tem mesmo que ficar em casa. Mas esta economia de guerra supõe a mobilização dos que receberam a missão de garantir a segurança dos cidadãos e do país.

Na Segunda Guerra, o presidente Getúlio Vargas constituiu a Comissão de Mobilização Econômica sob o comando de João Alberto. Essa comissão foi incumbida de regular a produção, as exportações e importações, os transportes e a circulação de mercadorias.

Esse pensamento coletivo não predomina na crise atual. Indagado a respeito da produção de respiradores, um executivo ligado ao setor do aço declarou: "É muito ego envolvido. Todo mundo quer ser o dono da solução e nada acontece".

Para vencer a egolatria, o governo brasileiro deveria constituir Comitês de Coordenação Econômica compostos por oficiais das Forças Armadas, trabalhadores, empresários, profissionais da área da saúde e outros, como engenheiros de produção e especialistas em logística, com o objetivo de se discutir, inclusive, que medidas deverão ser adotadas, no longo prazo, para impedir processos de proliferação viral que estamos presenciando e alternativas que permitam melhor conhecer a população brasileira.

Um dos maiores desafios enfrentados pelo auxílio emergencial, para a entrega da assistência de R$ 600,00, foi identificar a existência dos possíveis beneficiários, o que mostra a distância do Estado em relação aos seus cidadãos. Não se trata apenas de gastar mais, mas melhor e direcionado. Acreditamos que a discussão atual, ao tratar da questão fiscal, está sempre concentrada no volume de gastos requeridos para a implementação do programa de auxílio emergencial. Poucos se indagam sobre os efeitos desse dispêndio na reabilitação dos circuitos monetários, aí incluídos a retomada parcial das atividades, o faturamento das empresas e os ganhos de confiança das famílias beneficiadas.

Para uma avaliação mais abrangente dos efeitos da pandemia, é necessário falar das consequências da globalização. Filhas diletas da aceleração do tempo e do encurtamento do espaço, a globalização financeira e a deslocalização produtiva promoveram, sim, a maior interdependência entre os mercados, mas levaram à exasperação os desencontros entre as estratégias da grande empresa transnacional e os espaços jurídico-políticos nacionais. Os espaços nacionais que abrigavam estruturas industriais integradas sofreram os efeitos da dispersão da capacidade de produção nas ditas cadeias globais de valor. Isso suscitou a desintegração social promovida pela aceleração dos tempos de produção e pela desconsideração do espaço onde vivem e sobrevivem as pessoas de carne e osso, com seus direitos garantidos pelos Estados Nacionais.

A história parece informar que, em seu movimento de expansão, o capitalismo promove transformações financeiras, tecnológicas, patrimoniais e espaciais. O chamado "modelo chinês" tem uma relação simbiótica com os abalos tectônicos nas esferas produtiva e financeira e no comércio mundial, abalos que sacodem o planeta desde os anos 80 do século XX.

O jogo global é jogado entre a desregulamentação financeira e as novas formas de concorrência, escoltadas pela reorganização da grande empresa. Isso ensejou, ao mesmo tempo, o êxodo da manufatura para as regiões de baixos salários, a reafirmação do papel do dólar como moeda reserva e a centralidade do mercado financeiro americano, líquido e profundo.

A metástase do sistema empresarial da tríade desenvolvida – particularmente dos Estados Unidos e do Japão – determinou uma impressionante mutação na distribuição espacial da manufatura e na composição dos fluxos de comércio.

A China executou estratégias nacionais que definiram as políticas de absorção de tecnologia com excepcionais ganhos de escala e de escopo, adensamento das cadeias industriais e crescimento das exportações. A gestão chinesa conseguiu administrar uma combinação favorável entre câmbio real competitivo, juros baixos e acumulação de reservas, acompanhada da formação de redes domésticas entre as montadoras, e os fornecedores de peças, componentes e equipamentos e sistemas de logística.

Nessa caminhada, a China cuidou, ademais, dos investimentos em infraestrutura e utilizou as empresas públicas como plataformas destinadas a apoiar a constituição de grandes conglomerados industriais preparados para a batalha da concorrência global.

No livro "China *versus* Ocidente" (*China vs West*), o economista russo Ivan Tselichtchev estuda o formidável avanço da economia chinesa. Diz ele: entre 2001 e 2009, o novo gigante econômico apresentou um crescimento de 136,8% da produção manufatureira (calculada pelo valor adicionado, em dólares de 2005). Medido em dólares correntes, o valor adicionado manufatureiro atingiu US$ 2,05 trilhões, ou seja 21,2% da produção mundial. Os Estados Unidos ocuparam o segundo lugar: US$ 1,78 trilhões, ou seja, 18,4% do total mundial.

O desempenho das exportações chinesas de manufaturados também é impressionante. Tselichtchev mostra que a China não só

CAPÍTULO I - LIÇÕES MACROECONÔMICAS E POLÍTICAS...

lidera as exportações de manufaturados, mas também se empenha em avançar na graduação tecnológica dos produtos que compõem a sua pauta de vendas ao exterior. Em 2009, a participação de bens de capital e de equipamentos de transporte no total das exportações chegou a 49,2% contra 30,2% em 1999, enquanto as de vestuário caíram de 15,4% para 8,95%.

Na pandemia, a concentração industrial-manufatureira na China foi escancarada pelo episódio de compras de máscaras dos Estados Unidos. A 3M, grande empresa americana, produz essas máscaras no Império do Meio.

O sistema financeiro chinês, sabem todos, é relativamente "primitivo" e especializado no abastecimento de crédito subsidiado e barato às empresas e aos setores "escolhidos" como prioritários pelas políticas industriais. O circuito virtuoso vai do financiamento do investimento, do investimento para a produtividade, da produtividade para as exportações, daí para os lucros.

A China sofreu o primeiro baque na crise do Coronavírus, mas a volta às atividades foi relativamente rápida e sua estrutura industrial já está pronta para abastecer o mundo com máscaras e respiradores.

Além de enfrentar a crise, os brasileiros têm que suportar o vendaval de tolices disparado pelos que ocupam cargos importantes no governo e em suas empresas. Os prefeitos e governadores cumprem o seu dever ao impor a quarentena e o fechamento dos negócios.

Dinheiro alheio? O dinheiro para os desassistidos e precários está sendo produzido pelo Estado, o único agente em operação no mercado dotado da capacidade de emitir moeda e garantir a sobrevivência dos mais frágeis.

Esses senhores do governo estão a praticar de forma precária e primitiva o jogo "amigo-inimigo". O presidente do Brasil quer agradar o chefe Trump, hostilizando governadores e prefeitos. Essa atitude também orienta a equipe econômica na oposição derrotada ao pacote que, corretamente, concede aos estados e municípios ressarcimentos para compensar a violenta queda das receitas tributárias.

A equipe econômica argumenta que os estados e municípios precisam cumprir o ajuste fiscal e cortar despesas. Só no hospício em que se transformou a administração da economia brasileira, alguém poderia aventar essas razões. Eles temem que as medidas possam ser estendidas. No entanto, a situação fiscal dos estados já estava comprometida pelo ajuste fiscal do Joaquim Levy. Os Estados estavam literalmente quebrados, até porque não dispõem das mesmas prerrogativas fiscais e monetárias do Estado central, que detém a soberania monetária.

A soberania monetária é relativa porque o Brasil administra uma moeda não-conversível e isso vai exigir medidas de controle do fluxo de capitais, como tem sido recomendado pelo FMI. A crise deixou expostas as falhas do sistema monetário-financeiro internacional guiado pela supremacia do dólar e sujeito aos humores dos movimentos de capitais.

Na crise de 2008, os Estados Unidos estatizaram provisoriamente a General Motors e a Ford para evitar a falência dessas empresas. Recentemente, o governo alemão estatizou empresas de alta tecnologia para impedir a venda para os chineses.

O *Roosevelt Institute* publicou recentemente um texto sobre a crise do Coronavírus. O trabalho de Joshua Mason estabelece um paralelo entre a situação de hoje e a atuação do Estado americano na Segunda Guerra.

Vamos reproduzir sem aspas.

Durante a guerra, a maior parte da produção militar continuou a ser realizada por empresas privadas com contratos com o governo. Apenas casos excepcionais foram administrados por agentes públicos. No entanto, a maior parte dos investimentos foi realizada pelo Governo Federal.

Em resposta à crise do Coronavírus poderíamos esperar uma divisão semelhante do trabalho entre o público e o privado. Não há razão para esperar que o governo assuma a distribuição rotineira da maioria dos bens e serviços.

Mas, quando as expansões de capacidade são necessárias, o governo deve assumir um papel muito mais direto. É extremamente improvável, por exemplo, que o sistema de preços possa motivar as empresas a construir novos leitos hospitalares na escala que uma crise de saúde pública como o Coronavírus pode exigir.

O Estado pode suportar riscos que o setor privado não pode. Uma das principais razões pelas quais o setor privado não estava disposto a expandir a capacidade de produção militar durante a Segunda Guerra Mundial – e pode ser igualmente relutante em expandir a capacidade nos setores que precisamos estimular hoje – foi a grande incerteza sobre as condições futuras.

A gravidade da crise e a ruptura das cadeias de produção e de serviços recomendaria uma atitude mais drástica: a garantia dos empregos e a manutenção dos salários. Isso deveria ser acompanhado da coordenação e planejamento na área de transportes e de sustentação da oferta de alimentos, medicamentos e produtos de higiene e limpeza.

Estamos observando propostas de corte de salários. Nossa avaliação é negativa. Discutem no Congresso a Carteira-Verde-Amarela a pretexto de facilitar a criação de empregos, a mesma cantilena da reforma trabalhista, ou seja, enfraquecer a proteção dos trabalhadores para estimular os empresários a contratar. Aqui surge uma contradição entre o interesse individual, particular de cada empresário, e o funcionamento da economia como um todo.

Se um empresário consegue reduzir o custo do trabalho certamente ele aumentará sua margem de lucro, mas, se todos fizerem o mesmo, a massa de salários, ou seja, o poder de compra da maioria da população vai declinar substancialmente. Como dizia Henry Ford, os custos caem, mas a demanda pela produção das empresas também se reduz. É a falácia da composição que habitualmente contamina o pensamento dos liberais.

Vamos avaliar as ações do governo brasileiro. O Orçamento de Guerra passou, mesmo sofrendo resistências, sobretudo no que se refere à autorização para o Banco Central comprar as dívidas das empresas abrigadas nas carteiras dos bancos e fundos privados. Essa é uma operação de *limpeza do passado*. Limpar o passado para preparar o futuro. Sem a limpeza do passado, não há perspectiva de futuro. É claro que isso envolve o estabelecimento de critérios para a compra das dívidas, ou seja, das carteiras abrigadas nos balanços dos bancos e fundos. Os títulos têm que ser adquiridos por valores não desagiados para evitar uma disparada das taxas de juros. Na verdade, a atuação do Banco Central na aquisição de ativos de dívida e direitos creditórios afeta necessariamente a determinação das taxas de juros.

Há quem se apegue à ideia da perversidade dos bancos e demais instituições financeiras para combater a compra do estoque de dívida das empresas nos bancos. Mas é imprescindível ter presente que uma degradação muito pronunciada no valor desses ativos desarticula todo o sistema de crédito, isto é, os bancos privados vão fugir da oferta de crédito como o diabo foge da cruz. O circuito crédito-gasto-formação da renda encolhe de forma dramática e destrutiva. As empresas não faturam, não pagam os fornecedores, não recebem dos clientes e os trabalhadores ficam a ver navios: são dispensados e não recebem os salários. E esse processo é cumulativo. Como foi dito acima, quanto mais cai, mais afunda.

Vamos repetir: o grupo de risco da pandemia econômica é constituído pelos assalariados, pelos informais e trabalhadores precarizados. As políticas de garantia de renda devem ser amplas e descartar cortes de salários, mesmo porque a manutenção dos rendimentos vai assegurar uma saída mais rápida e segura da crise. A ação do Estado deve se prolongar até o ponto em que as empresas retomem as atividades e os bancos ganhem confiança para expandir o crédito, estimulando o circuito de formação da renda e do emprego. Quanto mais sólida e efetiva for a intervenção do Estado, mediante o financiamento monetário e o gasto fiscal, mais rápida e consistente será a retomada.

Os americanos são muito pragmáticos. Na quinta-feira, 9 de abril de 2020, o *Federal Reserve* prometeu despejar mais 2,3 trilhões de dólares para comprar títulos e direitos creditórios para desobstruir a oferta de crédito destinado às pequenas, médias empresas e municípios. O *Financial Times* noticiou que o *Federal Reserve* decidiu incluir no pacote a compra de títulos emitidos por empresas de alto risco (*high yields*), expandindo as medidas introduzidas no mês anterior para apoiar os mercados de dívida corporativa. "A maior prioridade do nosso país deve ser enfrentar essa crise de saúde pública, cuidar dos doentes e limitar a propagação do vírus", disse Jay Powell, presidente do *Fed*, na quinta-feira. "O papel do *Fed* é fornecer o máximo de alívio e estabilidade possível durante este período de atividade econômica restrita, e nossas ações hoje ajudarão a garantir que a eventual recuperação seja a mais vigorosa possível".

A maioria dos chefes de Estado declarou em alto e bom som a primazia das ações destinadas a preservar a vida humana e reduzir ao máximo a letalidade da pandemia. Diante da agressividade do vírus, não pode haver hesitação. Como foi dito acima, as sociedades enfrentam um inimigo invisível e mortal que se espalha por seu território. A palavra de ordem deve ser isolamento social e organização para o combate ao vírus e suas consequências econômicas.

O *Financial Times* disparou um editorial-bomba: "Vírus desvela a fragilidade do contrato social". A peça incomodou as certezas da turma que repete: "tudo vai ser como antes". Os economistas conservadores e a turma da grana batem os tambores do acasalamento entre a volta à normalidade (não se sabe quando) e o retorno das políticas de austeridade ancoradas nas ditas reformas.

O editorial do *FT* vai ao ponto:

> Além de derrotar a doença, o grande teste que todos os países enfrentarão em breve é se os sentimentos atuais de solidariedade moldarão as sociedades após a crise. Como os líderes ocidentais aprenderam na Grande Depressão, e após a Segunda Guerra Mundial, para exigir sacrifício coletivo você deve oferecer um contrato social que beneficie a todos. (...) Apesar dos apelos para a mobilização nacional, não estamos todos juntos nisso. Os bloqueios econômicos estão impondo o maior custo para aqueles que já estão mal. (...) O apoio orçamentário extraordinário dos governos para a economia, embora necessário, tornará, de certa forma, as coisas piores. Os países que permitiram o surgimento de um mercado de trabalho irregular e precário estão encontrando dificuldades em canalizar ajuda financeira para trabalhadores com um emprego tão inseguro. Enquanto isso, o grande afrouxamento monetário dos bancos centrais ajudará os ricos e seus ativos. Além disso, os serviços

públicos subfinanciados estão se esvaindo sob o ônus das políticas de crise. A forma como fazemos guerra contra o vírus beneficia alguns às custas de outros.

O editorial do *Financial Times* suscita uma questão que adormece nos subterrâneos do debate econômico. A crise do Coronavírus certamente vai aguçar os sentimentos de fragilidade e desamparo dos cidadãos lançados na insegurança das reformas trabalhistas e previdenciárias destinadas a salvaguardar o modo de funcionamento do capitalismo financeirizado e, portanto, gerador de desigualdades crescentes e de odienta concentração de poder e riqueza.

Outra questão, decorrente da anterior, foi despertada na consciência de muita gente. Os sistemas de saúde privados ou privatizados não têm condições de oferecer leitos e equipamentos para atender a população em uma crise de tais proporções. Os Estados Unidos dão testemunho dessa insuficiência dos sistemas privados.

Criados na onda de solidariedade do segundo pós-guerra, os sistemas europeus foram enfraquecidos pela fúria privatizante que assolou as sociedades na era neoliberal. Talvez, na posteridade da crise, os cidadãos de todas as partes do mundo se convençam que os sistemas de saúde devem ser públicos.

Alastair Crooke, da *Strategic Culture Foundation* concluiu que caiu a máscara:

> (...) será que estamos no ponto de inflexão da ordem global, quando o sistema ocidental hiperfinanceirizado já não consegue se autorreformar, recusa-se a se autorreformar e tampouco é capaz, como antes já foi, de se autossustentar? Será que o sistema – tão empenhadamente dedicado a cuidar dele mesmo – percebe, pelo menos, que o mundo já não acredita nele, em nada e para nada?

O crescimento dos trabalhadores em tempo parcial e a título precário, sobretudo nos serviços, é escoltado pela destruição dos postos de trabalho mais qualificados na indústria. O inchaço do subemprego e da precarização endureceu as condições de vida do trabalhador. A evolução

CAPÍTULO I - LIÇÕES MACROECONÔMICAS E POLÍTICAS...

do regime do *precariato* constituiu relações de subordinação dos trabalhadores dos serviços, independentemente da qualificação, sob as práticas da flexibilidade do horário, que tornam o trabalhador permanentemente disponível.

Na nova economia "compartilhada", "do bico", ou "irregular", o resultado é a incerteza a respeito dos rendimentos e horas de trabalho. Esta é a mudança mais importante na força de trabalho americana ao longo de um século e ocorre na velocidade da luz. Algumas projeções estimam que, nos próximos cinco anos, mais de 40% da força de trabalho americana estará submetida a um emprego precário.

No Brasil de 2020, pela primeira vez na série histórica da Pesquisa Nacional por Amostra de Domicílios Contínua (PNAD), realizada pelo IBGE, menos da metade da população em idade de trabalhar estavam ocupadas.

Diante da insegurança generalizada que contamina os mercados de trabalho, não há como escapar de soluções universais que aquietem as cabeças e os corações. O progresso tecnológico e a globalização lançaram enormes contingentes de trabalhadores na incerteza do dia seguinte.

A renda básica não é a panaceia universal, mas apenas uma medida incontornável para assegurar aos indivíduos condições de buscar uma situação melhor. É o ponto de partida para igualar as oportunidades. Nas condições do capitalismo atual, em seu frenético movimento, as relações salariais estão sendo dissolvidas e a precarização tende a se tornar geral e irrestrita. A criação de uma renda básica universal é incontornável.

Mas não basta. Surgem soluções mais ousadas, como as que recomendam a gestão cooperativa das empresas maiores e o incentivo para a criação de pequenas e médias empresas fornecedoras de grandes conglomerados estatais. Muitos sugerem a reserva de áreas nas cidades para o exercício do pequeno comércio. Isso, diga-se, aconteceu no pós-guerra nas cidades europeias.

Estamos observando no Brasil um movimento em sentido contrário. O ministro Paulo Guedes declarou que era preciso escapar das garras da social-democracia. Há quem diga que o Brasil, ao promulgar a Constituição de 1988, entrou tardia e timidamente no clube dos países que apostaram na ampliação dos direitos e deveres da cidadania moderna. A Constituição de 1988 aplainou o terreno para o reconhecimento dos direitos sociais e econômicos, já acolhidos na posteridade da Segunda Guerra Mundial por europeus e americanos. Roosevelt, Atlee, De Gaulle, De Gasperi e Adenauer sabiam que não era possível entregar o desamparo das massas ao desvario de soluções salvacionistas e demolidoras das liberdades. Por isso sacralizaram os princípios do liberalismo político para expurgar da vida social o arranjo econômico liberal dos anos 20, matriz dos coletivismos. Ao impor o reconhecimento dos direitos do cidadão, desde o nascimento até a morte, as lideranças democráticas subiram os impostos sobre os afortunados e, assim, ensejaram a prosperidade virtuosa, igualitária e garantidora das liberdades civis e políticas nos Trinta Anos Gloriosos.

Nas pegadas da Constituição Cidadã do doutor Ulysses Guimarães, as políticas sociais empreendidas por dona Ruth Cardoso e desenvolvidas com grande intensidade e acerto pelo PT fizeram avançar o projeto de redução das desigualdades. Não lograram, porém, extirpar as iniquidades instaladas no DNA da plutocracia nativa. Uns e outros tiveram de conviver com repulsas explicitadas em gestos de tapar o nariz quando "essa gente" se atreve a frequentar os ambientes outrora reservados aos bacanas. Pois foi o que aconteceu no elevador de um famoso e eficiente hospital de São Paulo. Carregada em uma cadeira de rodas, a senhora de cabedais tapou o nariz quando um enfermeiro negro ousou entrar no transportador.

A desigualdade no Brasil é muito profunda. Está incrustrada na alma dos cidadãos que habitam as camadas privilegiadas. Eles podem até simular simpatia e benevolência, mas rejeitam a igualdade. Simpatia e benevolência exprimem sentimentos de superioridade. Igualdade está ancorada na exigência do reconhecimento do outro, seja ele qual for, como titular de direitos iguais, direitos tão iguais quanto os meus, os seus, os de todos.

Durante a crise e depois dela, as opções estão abertas para a ação humana. Nada vai nascer espontaneamente das notórias insuficiências dos padrões de convivência sociais e práticas econômicas vigentes. Pois, no nosso Brasil, se almejamos uma transformação política, social e econômica de inclusão e igualdade, devemos começar com a ampliação do debate.

É preciso dar voz a muitos. Escapar dos figurinos da grande mídia e dos esgotos das redes sociais. A grande mídia dá o tom, repetindo à saciedade refrões, tão idiotas quanto conservadores, e as redes sociais entoam os ramerrames superficiais de 140 palavras.

A ampliação do debate é importante para a afirmação de lideranças políticas capazes de aglomerar as forças sociais comprometidas com as mudanças necessárias para a garantia de uma vida decente para todos. Essa empreitada vai exigir generosidade e desapego às idiossincrasias pessoais e partidárias. Esperamos que o espírito do Dr. Ulysses Guimarães baixe na alma dos brasileiros de boa vontade.

Ouvimos e lemos visões pessimistas que antecipam uma saída da crise ainda pior que as condições que prevaleciam na entrada. Manejados assim, os conceitos de pior e melhor são mancos. Revelam apego aos automatismos e determinismos de intelectuais. Em quaisquer circunstâncias históricas, o melhor emergiu do pior ou do péssimo. O exercício da política definiu o desfecho na posteridade da Segunda Guerra. E não foi fácil.

Encerro com um trecho da entrevista de Jurgen Habermas ao *Le Monde*:

> Do ponto de vista filosófico, noto que a pandemia impõe, ao mesmo tempo e a todos, um impulso reflexivo que, até agora, era assunto dos especialistas: devemos agir no conhecimento explícito do nosso desconhecimento. Hoje, todos os cidadãos aprendem como seus governos devem tomar decisões com a clara consciência dos limites do conhecimento dos virologistas que os aconselham. O cenário de ação política mergulhado na incerteza raramente teria sido iluminado com uma luz tão dura. Talvez essa experiência incomum deixe traços na consciência pública.

CAPÍTULO II
O CAPITALISMO DA REPRESSÃO FINANCEIRA À NOVA GLOBALIZAÇÃO

As lições hauridas das instabilidades dos anos 20 e da depressão dos anos 30 do século passado ensinaram que não era sábio nem prudente deixar os "mercados de riqueza fictícia" – as forças da finança – entregues a seus próprios desígnios. A partir da catastrófica experiência da Grande Depressão, o capitalismo regulado do pós-guerra cuidou de introduzir os cuidados da "repressão financeira". Neste regime, a regulação da finança estava voltada, sobretudo para a atenuação da instabilidade dos mercados de avaliação da riqueza fictícia.

Nesses mercados são transacionados e avaliados títulos de dívida privada e pública e ações das empresas, isto é, direitos de apropriação sobre a riqueza e a renda. Aí são formados, portanto, os preços dos ativos financeiros (a taxas de juro de mercado) que determinam as condições em que os bancos e demais instituições financeiras estão dispostos a ofertar crédito para um novo período de produção e de formação de capital.

Na era da *repressão financeira*, entre o final dos anos 40 e meados dos anos 70 do século XX, as políticas monetárias e de crédito eram orientadas no sentido de garantir condições favoráveis ao financiamento do gasto produtivo, público ou privado, e atenuar os efeitos dos episódios de valorização/desvalorização do capital fictício sobre as decisões de gasto corrente e de investimento da classe capitalista. Tratava-se de evitar ciclos de valorização excessiva e desvalorizações catastróficas dos estoques de riqueza financeira com efeitos danosos dobre o gasto, a produção, o emprego e a massa salarial.

Hyman Minsky foi preciso ao afirmar que

> a estrutura financeira criada no pós-guerra cortou a conexão entre a queda nos preços dos ativos e o *default* das dívidas, protegendo os bancos e outras instituições financeiras, assim como o maior peso do gasto público evitou a queda potencial dos lucros agregados.

Em artigos anteriores, frisamos que esta organização da finança, baseada na predominância do crédito bancário, tinha três características importantes:

1) as políticas monetárias e de crédito tinham objetivos nacionais, ou seja, estavam relacionadas com o desempenho da economia e das empresas localizadas no país; as taxas fixas (mas ajustáveis) de câmbio e as limitações aos movimentos internacionais de capitais de curto-prazo impediam a transmissão de choques causadores de instabilidade às taxas de juros domésticas;

2) o caráter insular dos sistemas nacionais de crédito permitia a adoção, pelas autoridades monetárias, de normas de operação que definiam: a) segmentação e especialização das instituições financeiras; b) severos requisitos prudenciais e regulamentação estrita das operações; c) fixação de tetos para as taxas de captação e empréstimo e d) criação de linhas especiais de fomento e

3) em contrapartida, a relação próxima entre os Bancos Centrais e os bancos privados correspondia a uma capacidade de resposta mais elástica às necessidades de liquidez corrente do sistema bancário.

No livro *Controlling credit*, o economista do *Banque de France*, Eric Monnet, percorre os caminhos da formação e operação do sistema de crédito público-privado na França do imediato pós-guerra.

O Estado, concebido como o marco para coordenar diferentes interesses econômicos e setores, foi responsável pelo controle do crédito. Na França, como em muitos outros países (os Estados Unidos e o Reino Unido são parcialmente uma exceção), o coração do sistema de controle do crédito e investimento era o banco central. Embora não tenha ignorado a existência dos mercados privados nem se limitado a políticas direcionadas, o Estado interveio em todas as frentes, em diferentes níveis, apagando assim a fronteira entre o crédito público e privado.

Preservando a estrutura econômica capitalista, as políticas monetárias, industriais e financeiras francesas do pós-guerra repousaram em uma base institucional que era conhecida, na época, como "a nacionalização do crédito". Dinheiro e crédito eram vistos como dois lados do mesmo processo econômico. A política monetária e a política de crédito estavam combinadas (...).

(...) O termo política de crédito (*politique du crédit*) poderia ser entendido no sentido relativamente limitado da política monetária, referindo-se a medidas dos bancos centrais para combater a inflação ou para estimular a atividade econômica. No entanto, o conceito de "política de crédito" teve, no período, um significado muito mais extenso, denotando toda a gama de intervenções apoiadas ou elaboradas por um banco central para incentivar o desenvolvimento do crédito e influenciar sua alocação, substituindo assim mecanismos de livre mercado considerados insuficientes, injustos ou defeituosos. O conceito de controle de crédito, seja no singular ou no plural, também foi utilizado como sinônimo de política de crédito, tanto nas etapas contracionistas quanto nas expansionistas.

Na posteridade da Segunda Guerra, os sistemas financeiros, não só na França, foram severamente disciplinados. Salvo pequenos incidentes, a economia deslizou nos trilhos do crédito dirigido dos controles de capitais entre os países e do gasto público amparado em sistemas fiscais progressivos. No livro *Capitalisme: le temps des ruptures* Michel Aglietta argumenta que após a Segunda Guerra Mundial o capitalismo ocidental experimentou um regime de crescimento que pode ser chamado de capitalismo contratual, também conhecido como Fordismo.

O capitalismo contratual superou o persistente subemprego involuntário através de instituições de mediação relacionadas aos salários, negociações coletivas e modelos de proteção social, também através de uma regulação rigorosa das finanças e de um sistema monetário internacional, o sistema *Bretton Woods*, que permitiu ampla autonomia das políticas monetárias nacionais na estabilidade cambial. Diferentes tipos de modelos sociais construíram diferentes variedades de capitalismo contratual. No entanto, na Europa continental, pelo menos, eles se colocaram sob a égide de um princípio comum de progresso social.

A negociação coletiva foi uma instituição dominante na regulação do crescimento salarial em relação ao progresso na produtividade do trabalho. Os contratos coletivos de médio prazo permitiram o aumento da modalidade de consumo em massa, o que deu às empresas a previsibilidade de antecipar sua demanda real e, assim, conceder o acúmulo de capital produtivo às aspirações dos empregados.

As transferências sociais diversificadas amorteceram as flutuações cíclicas e reduziram a desigualdade: o salário mínimo, a tributação progressiva e a assistência às famílias de baixa renda.

A regulação financeira rigorosa, o crescimento constante do crédito de baixo custo, a expansão do comércio internacional e os controles de capital combinaram financiamento de habitação social, investimento privado e desenvolvimento de infraestrutura.

A partir dessa identificação das instituições mediadoras do capitalismo contratual, podemos sintetizar o núcleo macroeconômico do regime de crescimento das relações salariais da época. A negociação coletiva e o modelo social ligado a ele, por um lado, e o sistema de crédito altamente regulamentado, por outro, foram as instituições-chave. A manutenção de taxas de juros baixas e estáveis, por um lado, e a indexação dos salários ao progresso da produtividade, por outro, estabilizaram a demanda real das empresas e permitiram que o acúmulo de capital estivesse diretamente ligado ao desenvolvimento dos padrões de consumo. Esse método de regulação favoreceu, portanto, o investimento produtivo em relação às formas especulativas de valorização da propriedade do capital através dos mercados de ações. Este regulamento foi capaz de evitar o subemprego involuntário persistente. O Estado produziu a infraestrutura

CAPÍTULO II - O CAPITALISMO DA REPRESSÃO FINANCEIRA...

pública do planejamento do uso da terra, dirigiu a urbanização e planejou o enorme esforço educacional que permitiu à França passar de uma sociedade predominantemente rural para uma sociedade industrial moderna em uma geração.

A coisa andou tão bem que, nos anos 1970, o sistema regulado de relações monetárias e financeiras sucumbiu ao seu próprio sucesso. As elevadas taxas de crescimento, salários reais colados aos aumentos de produtividade e sistemas de proteção social abrangentes impulsionaram a formação dos estoques de poupança (riqueza financeira) de ricos, remediados e até mesmo dos pobres. O enriquecimento social alentou o enriquecimento privado.

O final dos anos sessenta e o início dos setenta presenciaram o aparecimento dos primeiros sintomas de desorganização do arranjo "virtuoso" entre a repressão financeira e o desempenho da economia "real". No que diz respeito aos sistemas monetários e financeiros, os fenômenos mais importantes na etapa de dissolução do consenso keynesiano foram, sem dúvida: 1) a subida do patamar inflacionário; 2) a criação do euromercado e das praças *off-shore*, estimuladas pelo "excesso" de dólares produzido pelo déficit crescente do balanço de pagamentos dos Estados Unidos e, posteriormente, pela reciclagem dos petrodólares e 3) a substituição das taxas fixas de câmbio por um "regime" de taxas flutuantes, a partir de 1973.

Os defensores das taxas flutuantes proclamavam perseguir um duplo objetivo: permitir um realinhamento das taxas de câmbio e dar maior liberdade às políticas monetárias domésticas. A fragilidade do arranjo monetário internacional culminou com a decisão americana de 1971: o governo Nixon decretou unilateralmente a inconversibilidade da moeda americana, até então fixada à razão de 35 dólares por onça-troy de ouro.

Muitas são as interpretações acerca das causas que determinaram o ocaso desse estilo de governança que orientou as economias da Europa e dos Estados Unidos durante as duas primeiras décadas do pós-guerra. Do nosso ponto de vista, as práticas que sustentaram o longo período de crescimento – através de taxas elevadas de crescimento do investimento privado, do gasto público, da produtividade e dos salários reais, numa situação de pleno-emprego – foram sendo minadas pelo acirramento da concorrência intercapitalista, pelo agravamento do conflito distributivo e pela deterioração da posição do balanço de pagamentos dos Estados Unidos.

O chamado "consenso keynesiano" arrastou seu declínio na companhia da estagflação da década de 1970. Encerrou seu predomínio depois do choque provocado pela subida das taxas de juros americanas em outubro de 1979.

A crise de hegemonia do dólar e a estagflação foram enfrentadas com os princípios da "regulação neoliberal". A "economia da oferta", inovação teórica do conservadorismo dos anos 1970 nos Estados Unidos, sustentava que a insistência no estímulo fiscal associada à ação dos sindicatos deu origem simultaneamente à estagnação e à inflação, matrizes do desemprego a longo prazo. Por essas e outras, a "reestruturação conservadora" preconizava a redução de impostos para os ricos "poupadores" e a flexibilização dos mercados de trabalho. A curva de Laffer acusava os sistemas de tributação progressiva de desestimular a poupança e debilitar o impulso privado ao investimento, enquanto os sindicatos teimavam em prejudicar os trabalhadores ao pretender fixar a taxa de salário fora do preço de equilíbrio. Nos mercados de bens, a palavra de ordem era submeter as empresas à concorrência global, eliminando os resquícios de protecionismo e quaisquer políticas deliberadas de fomento industrial.

Submetidos à disciplina dos mercados – tão flexíveis quanto vigilantes – os trabalhadores livres, empresas enxutas e governos austeros receberiam a recompensa do "gotejamento": lucros estáveis, empregos de alta produtividade, salários reais crescentes e orçamento equilibrado, aliados à descompressão dos mercados financeiros, agora aliviados da sanha do endividamento público que promovia a "expulsão" da demanda de financiamento privado. É a hipótese neoclássica do *crowding out*, ou conforme o estribilho do samba: "sai da frente que eu quero passar".

Para os mercados financeiros, os conservadores acenavam, portanto, com as maravilhas da desregulamentação e a eliminação das barreiras à entrada e saída de capital-dinheiro de modo que as taxas de juros pudessem exprimir, sem distorções, a oferta e a demanda de "poupança" nos espaços integrados da finança mundial.

Já dissemos e vamos repetir que essas reformas deveriam ser levadas a cabo num ambiente macroeconômico em que a política fiscal esteja encaminhada para uma situação de equilíbrio intertemporal sustentável e a política monetária controlada por um banco central independente. Estas condições macroeconômicas significam que as duas dimensões públicas das economias de mercado – a moeda e as finanças do Estado – devem ser administradas de forma a não perturbar o funcionamento das forças que sempre reconduzem a economia ao equilíbrio de longo prazo.

O lero-lero do *gotejamento* não entregou o prometido. A prodigalidade de isenções e favores fiscais para as camadas endinheiradas fez pouco ou quase nada para elevar a taxa de investimento no território americano, mas suscitou o ingurgitamento da esfera financeira, a multiplicação de paraísos fiscais, a migração da grande empresa para as regiões de baixos salários, os sucessivos déficits fiscais e a ampliação do déficit em conta corrente.

2.1 Movimentos de capitais, migração produtiva e desequilíbrios nos balanços de pagamentos

O desenvolvimento e a configuração do ciclo de expansão que culminou na crise de 2008 foram amparados por um formidável rearranjo dos portfólios globais. O fluxo bruto de capitais privados moveu-se continuadamente da Europa e da Periferia para os Estados Unidos. A interpenetração financeira suscitou a diversificação dos ativos à escala global e, assim, impôs a "internacionalização" das carteiras dos administradores da riqueza.

Os Estados Unidos, beneficiados pela capacidade de atração de seu mercado financeiro amplo e profundo, absorveram, desde meados dos anos 1980, um volume de capitais externos que superou com sobras os déficits em conta corrente. Em tais condições, os Estados Unidos combinaram um crescente déficit em conta corrente do balanço de pagamentos, um substancial superávit na conta de capitais e a tendência permanente à valorização do dólar. A elevada liquidez e a alta "elasticidade" dos mercados financeiros globais patrocinaram, assim, a exuberante expansão do crédito doméstico americano, a valorização dos imóveis e das bolsas de valores, o endividamento das famílias viciadas no hiperconsumo e a expansão do gasto privado acima do potencial produtivo da economia.

A enxurrada de capitais forâneos para os EUA foi intermediada, sobretudo, pelos bancos europeus que se entupiram de *securities* lastreadas em empréstimos hipotecários. É importante sublinhar que o movimento de capitais vai dos fluxos brutos para a expansão do crédito aos consumidores americanos, cujo gasto gera o déficit em conta corrente. Isso significa que as mudanças nas relações de débito e crédito e, portanto, nos patrimônios de bancos, empresas e famílias foram muito mais intensas do que as refletidas no déficit em conta corrente.

No âmbito das novas relações "sino-americanas", o circuito gasto-produção-renda-consumo pode ser apresentado da seguinte forma estilizada: fluxo bruto de capitais – expansão do crédito doméstico nos Estados Unidos –, aceleração do gasto dos consumidores americanos – geração adicional de emprego e renda na China emergente –, superávit comercial chinês amparado na exportação de manufaturas – acumulação de reservas (poupança financeira chinesa) –, daí para o "financiamento final" do déficit americano em conta corrente. Assim formulado, o circuito gasto-renda-poupança não confirma a hipótese do "excesso de poupança" (*saving glut*) sustentada por muitos economistas, entre eles o ex-presidente do *Federal Reserve*, Ben Bernanke.

O movimento de capitais irrigou o mercado financeiro americano e permitiu a manutenção de baixas taxas de juros nos títulos de longo prazo. A oferta de fundos baratos foi importante para financiar a metástase produtiva da grande empresa americana, europeia e japonesa para o Pacífico dos pequenos tigres e novos dragões. As novas manufaturas são produzidas no espaço econômico construído pelos asiáticos em torno da "grande montadora chinesa". A enorme reserva de mão de obra, câmbio desvalorizado e abundância de investimento estrangeiro direto permitem à China estabelecer uma divisão do trabalho virtuosa com seus vizinhos.

Ao mesmo tempo, o deslocamento das filiais americanas, europeias e japonesas em busca do *global-sourcing* obriga a economia nacional americana a ampliar o seu grau de abertura comercial e a gerar um déficit comercial crescente. Torna-se incontornável acomodar a expansão manufatureira e comercial dos novos parceiros, produzida em grande parte, mas não exclusivamente, pelo deslocamento do grande capital americano na busca de maior competitividade. O desequilíbrio crônico dos saldos em conta corrente entre a China e os Estados Unidos não é, portanto, uma "anomalia" do modelo sino-americano, mas um fator constitutivo do dinamismo da economia global do Terceiro Milênio.

CAPÍTULO III
DINHEIRO, BANCOS E CRÉDITO

Abrimos essa seção com o Fausto de Goethe:

O CHANCELER (lê): Que saiba todo aquele que o desejar:
Esta tira de papel tem o valor de mil coroas.
Fica-lhe assegurada, como lastro certo,
A infinidade de bens enterrados no império.
Tomou-se providência para que o rico tesouro,
Tão logo extraído, sirva como resgate.
O BOBO (pergunta, enquanto contempla um "papelucho"):
Veja só, isto aqui vale dinheiro?
MEFISTÓFELES: Com isso consegues o que goela e pança desejarem.
O BOBO: E posso comprar terras, casa e gado?
MEFISTÓFELES: É claro! Faze uma oferta e não falharás.
O BOBO: E castelo, com mata e reserva de caça e riacho piscoso?
MEFISTÓFELES (zombeteiro): Acredita!
Quero ver-te ainda como senhor bem-situado!
O BOBO: Hoje à noite esbaldo-me em propriedades! MEFISTÓFELES (para si mesmo, em aprovação): E quem duvida ainda da espertezza do nosso Bobo? O Bobo – como de costume, o único que tem algum juízo.

Johann Wolfgang von Goethe – Faust

A lembrança do Fausto de Goethe nos incitou a buscar referências na literatura econômica a respeito da cena em que o Imperador apõe sua assinatura em uma folha de papel para certificar que se tratava de dinheiro garantido pela riqueza subterrânea do Reino. Encontramos o magnífico livro de Hans Christoph Binswinger *Dinheiro e magia*. O texto do autor é precedido de um prefácio também magnífico do economista Gustavo Franco.

Binswinger faz uma analogia entre os alquimistas e o poder de criação monetária dos soberanos.

> Hoje a alquimia é rejeitada como superstição. A ciência moderna mostrou finalmente, segundo nos dizem, que a fabricação do ouro é uma ilusão, motivo pelo qual ninguém mais deseja perder tempo com projetos tão abstrusos. Mas proponho um argumento diferente: as tentativas de produzir ouro artificial não foram abandonadas por serem inúteis, mas porque a alquimia, sob outra forma, mostrou-se tão bem-sucedida que a árdua produção de ouro no laboratório deixou de ser necessária.
>
> Não é mais vital para o objetivo da alquimia, no sentido de aumentar a riqueza, que o chumbo seja realmente transmutado em ouro. Será suficiente que uma substância sem valor algum se transforme em outra dotada de valor: papel, por exemplo, em dinheiro.

Podemos interpretar o processo econômico como alquimia se for possível chegar ao dinheiro sem o haver ganho com o esforço correspondente, se a economia for uma cartola, por assim dizer, que produz um coelho antes inexistente: em outras palavras, se for possível uma genuína criação que não esteja coibida por limite algum e seja, portanto, nesse sentido, bruxaria ou magia.

Uma leitura minuciosa de Fausto não nos deixa dúvida alguma de que Goethe diagnostica precisamente esse núcleo alquímico na economia moderna. É isso que confere à economia de hoje uma força de atração tão imensa que pouco a pouco suga todas as áreas da vida para seu vórtice. Ela envolve a possibilidade de um crescimento contínuo na produção sem aumento correspondente do esforço despendido.

CAPÍTULO III – DINHEIRO, BANCOS E CRÉDITO

Com essa visão do núcleo alquímico da economia, Goethe adota uma posição diametralmente oposta àquela da economia política clássica. A riqueza, afirma esta última, é obtida tão somente por meio do trabalho, seja ele trabalho direto, seja trabalho previamente realizado, que (por meio de poupança) se transforma em capital. Adam Smith, o fundador da economia política clássica, escreve em seu famoso livro *A riqueza das nações* (1776):

> O preço real de todas as coisas, o que cada coisa realmente custa ao homem que quer adquiri-la, é a labuta e a dificuldade para adquiri-las. (...) O que é comprado com dinheiro ou com bens é comprado com trabalho, assim como o que adquirimos com a labuta de nosso próprio corpo. (...) O trabalho foi o primeiro preço, o dinheiro original pago por todas as coisas. Não foi com ouro nem com prata, mas com trabalho, que se comprou originalmente toda a riqueza do mundo.

Essa concepção foi tão modificada na economia política de nossos dias que, ao lado do trabalho, também encaramos o capital e o progresso tecnológico como entidades independentes. Mas os três fatores da produção são vistos como resultados do esforço humano: o trabalho, como fruto de esforço árduo; o capital, como consequência de abstenção do consumo (poupança) e o progresso tecnológico, como consequência de estudo e pesquisa. Basicamente, portanto, a economia política permaneceu fiel à visão clássica da criação do valor por intermédio do trabalho, e unicamente dele.

A segunda parte de Fausto, em contraposição, traz a afirmação explícita de que a riqueza tem sua fonte não apenas no trabalho, cuja importância não pode, claro, ser negada, mas também na magia – uma magia que cria valores excedentes inexplicáveis pelo esforço humano.

O ponto de partida do processo alquímico em Fausto é o plano de criar papel-moeda, que Mefistófeles submete ao Imperador (em nome de Fausto) para libertá-lo de suas dificuldades financeiras. É um projeto para emitir notas de dinheiro que serão lastreadas pelos recursos em ouro enterrados, legalizadas pela assinatura do Imperador. O plano dá certo: todos se dispõem a aceitar notas como dinheiro, e o

Imperador se livra de suas dívidas. A criação do dinheiro é explicitamente chamada de "química", outra expressão para "alquimia".

A alquimia do Dinheiro é o enigma mais enigmático da chamada Teoria Econômica, outrora chamada Economia Política. Em torno desse mefistofélico quebra-cabeças, os economistas batem as testas nos muros da incompreensão.

No entanto, a prática dos negócios parece sugerir que, para a concretização do processo de decisão enredado nas relações de propriedade e poder, a economia capitalista ensejou o desenvolvimento do sistema de crédito. O capitalismo abriu espaço para o surgimento e desenvolvimento de instituições encarregadas de administrar a moeda e os estoques de direitos – títulos de dívida e ações – que, diriam Marx e Keynes, nascem de seu incessante movimento de criação, realização e apropriação do valor.

Em seu desenvolvimento, o sistema de crédito foi assaltado por crises sucessivas ao longo da história do capitalismo. Desde o século XVII quando a Tulipomania lançou suspeitas sobre as práticas monetárias, o sistema de crédito foi submetido a desconfianças, críticas e maldições.

No capítulo da Acumulação Primitiva, inscrito no primeiro volume de *O Capital*, Karl Marx trata do surgimento do sistema monetário-financeiro ajustado aos requerimentos do Regime do Capital. Marx cuida da gênese e desenvolvimento do sistema bancário inglês ancorado na criação do Banco da Inglaterra em 1694. A partir de então, o Banco impulsionou o avanço da manufatura e, posteriormente, o nascimento da indústria, concomitantemente à consolidação da propriedade privada moderna em sua forma de sociedade por ações e à formação dos trabalhadores liberados do regime de servidão.

A citação é um tanto longa, mas necessária:

> O sistema de crédito público, isto é, das dívidas públicas, cujas origens encontramos em Gênova e Veneza já na Idade Média, tomou conta de toda a Europa durante o período manufatureiro. O sistema colonial, com seu comércio marítimo e suas guerras

comerciais, serviu-lhe de incubadora. Assim, ele se consolidou primeiramente na Holanda. A dívida pública, isto é, a alienação [*Veräusserung*] do Estado – seja ele despótico, constitucional ou republicano – imprime sua marca sobre a era capitalista. Apenas o comércio com as Índias Orientais e o tráfico entre o sudoeste e o nordeste europeu, sua pesca, frotas e manufaturas sobrepujavam as de qualquer outro país. Os capitais da República eram talvez mais consideráveis que os de todo o resto da Europa somados.

Hoje em dia, a supremacia industrial traz consigo a supremacia comercial. No período manufatureiro propriamente dito, ao contrário, é a supremacia comercial que gera o predomínio industrial. Daí o papel preponderante que o sistema colonial desempenhava nessa época. Ele era o "deus estranho" que se colocou sobre o altar, ao lado dos velhos ídolos da Europa, e que, um belo dia, lançou-os por terra com um só golpe. Tal sistema proclamou a produção de mais-valor como finalidade última e única da humanidade.

A única parte da assim chamada riqueza nacional que realmente integra a posse coletiva dos povos modernos é... sua dívida pública. Daí que seja inteiramente coerente a doutrina moderna segundo a qual um povo se torna tanto mais rico quanto mais se endivida. O crédito público se converte no credo do capital. E ao surgir o endividamento do Estado, o pecado contra o Espírito Santo, para o qual não há perdão, cede seu lugar para a falta de fé na dívida pública.

A dívida pública torna-se uma das alavancas mais poderosas da acumulação primitiva. Como com um toque de varinha mágica, ela infunde força criadora ao dinheiro estéril e o transforma, assim, em capital, sem que, para isso, tenha necessidade de se expor aos esforços e riscos inseparáveis da aplicação industrial e mesmo usurária. Na realidade, os credores do Estado não lhe dão nada, pois a soma emprestada se converte em títulos da dívida, facilmente transferíveis, que, em suas mãos, continuam a funcionar como se fossem a mesma soma de dinheiro vivo. Porém, ainda sem levarmos em conta a classe de rentistas ociosos assim criada e a riqueza improvisada dos financistas que desempenham o papel de intermediários entre o governo e a nação, e abstraindo também a classe dos coletores de impostos, comerciantes e fabricantes privados, aos quais uma boa parcela de cada empréstimo estatal serve como um capital caído do céu, a dívida pública impulsionou as sociedades por ações, o comércio com papéis negociáveis de todo tipo e a agiotagem, numa palavra: o jogo da Bolsa e a moderna bancocracia.

Desde seu nascimento, os grandes bancos, condecorados com títulos nacionais, não eram mais do que sociedades de especuladores privados, que se colocavam sob a guarda dos governos e, graças aos privilégios recebidos, estavam em condições de emprestar-lhes dinheiro. Por isso, a acumulação da dívida pública não tem indicador mais infalível do que a alta sucessiva das ações desses bancos, cujo desenvolvimento pleno data da fundação do Banco da Inglaterra (1694). Esse banco começou emprestando seu dinheiro ao governo a um juro de 8%, ao mesmo tempo que o Parlamento o autorizava a cunhar dinheiro com o mesmo capital, voltando a emprestá-lo ao público sob a forma de notas bancárias. Com essas notas, ele podia descontar letras, conceder empréstimos sobre mercadorias e adquirir metais preciosos. Não demorou muito para que esse dinheiro de crédito, fabricado pelo próprio banco, se convertesse na moeda com a qual o Banco da Inglaterra concedia empréstimos ao Estado e, por conta deste último, pagava os juros da dívida pública. Não lhe bastava dar com uma mão para receber mais com a outra: o banco, enquanto recebia, continuava como credor perpétuo da nação até o último tostão adiantado. E assim ele se tornou, pouco a pouco, o receptáculo imprescindível dos tesouros metálicos do país e o centro de gravitação de todo o crédito comercial. À mesma época em que na Inglaterra deixou de queimar bruxas, começou-se a enforcar falsificadores de notas bancárias. Nos escritos dessa época, por exemplo, nos de Bolingbroke, pode-se apreciar claramente o efeito que produziu nos contemporâneos o aparecimento súbito dessa malta de bancocratas, financistas, rentistas, corretores, *stockjobbers* [operadores] e leões da Bolsa (...).

Como a dívida pública se respalda nas receitas estatais, que têm de cobrir os juros e demais pagamentos anuais etc., o moderno sistema tributário se converteu num complemento necessário do sistema de empréstimos públicos. Os empréstimos capacitam o governo a cobrir os gastos extraordinários sem que o contribuinte o perceba de imediato, mas exigem,

CAPÍTULO III - DINHEIRO, BANCOS E CRÉDITO

> em contrapartida, um aumento de impostos. Por outro lado, o aumento de impostos, causado pela acumulação de dívidas contraídas sucessivamente, obriga o governo a recorrer sempre a novos empréstimos para cobrir os novos gastos extraordinários (...).
>
> O grande papel que a dívida pública e o sistema fiscal desempenham na capitalização da riqueza e na expropriação das massas levou um bom número de escritores, como William Cobbett, Doubleday e outros, a procurar erroneamente na dívida a causa principal da miséria dos povos modernos.[3]
>
> A exaustiva citação revela o papel da moeda, do crédito e da dívida pública na composição da riqueza privada nos primórdios do capitalismo, ainda no período manufatureiro. Mostra a importância do ativo-passivo emitido pelos governos na transição entre os patrimônios imobilizados na terra e a riqueza móvel e líquida. Assim, o Banco da Inglaterra mediou as trepidações e expropriações da acumulação primitiva e criou o espaço monetário indispensável para o surgimento da propriedade moderna, da economia da indústria e da liberdade de empreender.

No texto acima Marx explicou que, no afã de se apropriar da riqueza, as criaturas do mercado estão irremediavelmente submetidas à soberania monetária do Estado. Esse sistema complexo, em sua evolução, engendrou a forma de criação do dinheiro que Marx chama de *estéril*. Assim é, porque no ato de sua criação *ex nihilo*, esse dinheiro é *riqueza potencial*, valor em potência, ainda apenas uma pretensão abstrata em ser encarnado nas formas concretas e particulares do jogo do mercado e da acumulação de riqueza pelos protagonistas privados. Como riqueza potencial, o dinheiro é *estéril* porque ainda não foi investido nas formas de criação e apropriação *valor,* seja nas transações entre os produtores de mercadorias, seja na emissão, avaliação e circulação dos ativos de riqueza que acompanham a criação de valor.

---

[3] MARX, Karl. *O Capital*. vol I, capítulo 34.

Vale a pena mencionar a observação de Hans Christoph Binswinger a respeito da transição entre o Ato 4 e Ato 5 do Fausto:

> (...) embora o primeiro estágio do processo (Ato 4) – criação do papel-moeda – envolvesse a *solutio*, a dissolução ou liquefação dos metais pela adição de mercúrio, o segundo estágio – aquisição de propriedade – envolve seu *coagulatio*, ou solidificação por ação do enxofre sobre o mercúrio líquido. O resultado é descrito como enxofre filosofal, que, segundo os escritos de Basílio Valentino, é o "enxofre do rei do domínio". No presente contexto (Ato 5), ele simboliza a instituição da propriedade no sentido de *dominium*, pelo qual a natureza apropriada é convertida em valores monetários. Assim, é dado mais um passo importante rumo à produção de ouro artificial.
>
> No quinto ato de Fausto, a execução do plano concebido no quarto ato é descrita começando pela construção de um porto e a fundação de uma empresa de transporte marítimo, e terminando com o melhoramento de toda a faixa litorânea para tornar o solo arável. Pessoas serão assentadas nessa terra recém-recuperada, no que forma agora o terceiro estágio do processo alquímico.
>
> Aqui também podemos falar da junção alquímica de mercúrio e enxofre. Ela não se situa mais no plano do dinheiro, mas no da criação do valor real necessário ao valor equivalente ao ouro.

Entre os adversários mais ferrenhos do dinheiro bancário estava William Cobbett que escreveu um livro acusatório, intitulado *Paper against gold, or, the mistery of the Bank of England, of the debt, of the stocks, of the sinking fund, and of all the other tricks and contrivances, carried on by the means of paper money*.[4]

> Eles pensam (o *Bullion Commitee*) ou, pelo menos, desejam evidentemente fazer os outros pensarem que é possível diminuir a quantidade do dinheiro-papel, e fazer com que os guinéus (de ouro) voltem e passem de mão em mão como nos tempos

---

4 COBBETT, William. *Paper against gold, or, the mistery of the Bank of England, of the debt, of the stocks, of the sinking fund, and of all the other tricks and contrivances, carried on by the means of paper money*. HardPress Publishing, 2012.

CAPÍTULO III - DINHEIRO, BANCOS E CRÉDITO

anteriores; eles nos fariam acreditar, que isso pode ser feito sem a destruição total do dinheiro-papel; e, de fato, eles realmente recomendaram à Câmara dos Comuns a aprovação de uma lei para fazer com que o Banco de *Thread Needle Street*, Londres, comumente chamado de Banco da Inglaterra, pague suas notas em dinheiro real dentro de dois anos a partir deste momento. Dois anos é um bom período para as pessoas.

As notas do Banco da Inglaterra carregam, na face, uma promessa de que os Banqueiros, ou a empresa Banco, que emitem as notas, pagarão as notas mediante demanda. Agora, o que queremos dizer com pagando uma nota? Certamente não queremos dizer a troca de uma nota por outra nota. No entanto, este é o tipo de pagamento que as pessoas recebem no Banco da Inglaterra; e esse tipo de pagamento o *Bullion Commitee* não pretende começar em menos de dois anos a partir deste momento.

Senhores; nós, o povo deste país, fomos persuadidos a acreditar em muitas coisas. Fomos persuadidos a acreditar em nós mesmos como "as pessoas mais pensantes na Europa", mas para que propósito os homens pensam, a menos que cheguem a conhecimentos úteis pensando? Para que propósito os homens pensam, se depois de todos os seus pensamentos são persuadidos que um Banco –, que não pagou suas notas promissórias em ouro por treze anos e meio – será capaz de pagá-los em ouro no final de quinze anos e meio.

Em seu exaustivo trabalho *Genres of the Credit Economy*, a crítica literária Mary Poovey fala do progressivo afastamento observado nos séculos XVII e XVIII entre a literatura e a dita teoria econômica em suas narrativas sobre o dinheiro. Ela argumenta que "no processo de se tornarem *disciplinas*, os gêneros econômico e literário perderam sua afinidade original. Isso teria ocorrido, em boa medida, por conta da *naturalização do dinheiro*.

O dinheiro, diz Mary Poovey, desempenhou um papel crítico na história da separação dos gêneros – literatura e conhecimento especializado. O dinheiro – seja papel ou moeda metálica – constitui uma das primeiras e mais importantes formas de representação que impuseram a distinção entre fato e ficção.

Foi no jogo entre fato e ficção que Daniel Defoe escreveu, em 1719, o panfleto *The anatomy of exchange alley*. O panfleto é uma denúncia amarga dos negócios que prosperavam na Alameda onde se abrigava a cafeteria *Jonathan*. Ali vicejavam as sementes da bolsa de valores.

No livro *Money for nothing*, Thomas Levenson escreve que Defoe "pintou o risco enfrentado por qualquer alma imprudente, tola o suficiente para vagar na cafeteria *Jonathan*, onde o ingênuo compatriota avarento encontra um punhado de vigaristas". Prossegue Levenson:

> Eles o enchem de rumores, o instigam a negociar com o informante que extrai cirurgicamente toda a sua fortuna: "sua carruagem e cavalos, suas finas poltronas e seus móveis ricos", todos vendidos "para apostar no enriquecimento fácil".

Isso era típico do *Exchange Alley*. Defoe advertiu seus leitores para "um sistema completo de... negócios fundados em fraudes". Mas neste ano esperançoso e nervoso de 1719 havia algo novo, um esquema mais ambicioso do que qualquer coisa anterior tentada pelos habitantes diabólicos da Alameda. A Companhia dos Mares do Sul (*South Sea Company*) havia iniciado seus negócios em 1711. Estava então apenas nascendo um mercado de crédito, com todas as notas e títulos que o governo britânico estava usando para erigir sua crescente montanha de dívidas. Por vários anos, a própria *South Sea Company* tinha participado marginalmente nesse mercado, realizando pequenos negócios, mas agora seus diretores visavam um projeto muito mais ambicioso – "um que, se funcionasse, resolveria o problema da dívida pública da Grã-Bretanha de uma vez por todas". Na opinião de Levenson, os diretores da companhia propuseram uma tentativa ousada do que seria chamado "engenharia financeira". Tratava-se transformar a dívida nacional, acumulada ao longo de uma sequência interminável de guerras, em ações de uma empresa privada que poderia ser negociada diariamente na nascente bolsa de valores. Na opinião dos diretores da empresa, isso seria a salvação da nação.

Seguimos com Thomas Levenson. Segundo ele, esse foi o período do nascimento e expansão das sociedades por ações (*joint stocks companies*). Ao contrário dos arranjos anteriores, as sociedades por ações

CAPÍTULO III - DINHEIRO, BANCOS E CRÉDITO

mudaram o significado da propriedade de uma empresa. Em vez da propriedade estar assentada em partes de material real – um navio, uma máquina – a formação de uma empresa por ações implicava o direito de reivindicar uma fração dos lucros a serem obtidos ao longo do tempo. A estrutura das sociedades por ações possibilitou a formação de uma base mais ampla de capital. À medida que amadurecia, essa nova forma comercial tornou-se mais complicada e mais poderosa: uma maneira de traduzir os processos econômicos em números no papel, a ideia de uma coisa e não a coisa em si. A sociedade por ações ecoa assim a visão essencial dos filósofos naturais: trazer uma gama crescente de fenômenos diferentes – comprar e vender – em uma forma que poderia ser analisada, comparada, quantificada e, mais importante, prontamente comprada e vendida.

Há que observar que a aceitação do papel moeda e do dinheiro bancário foi um processo eivado de resistências e incompreensões. Especialmente depois do colapso da Bolha do Mar do Sul, conta Mary Poovey, escritores como Alexander Pope, Jonathan Swift e Lord Bolingbroke juntaram, na mesma escopeta, os projéteis da especulação, da escalada da dívida pública e do papel-moeda para disparar contra os governantes *Whigs*. Mas, continua Poovey, o papel-moeda também provocou preocupações que não eram (ao menos explicitamente) políticas, como manifestaram, por exemplo, Lord Elibank e David Hume, dois escoceses que se opuseram publicamente ao uso de dinheiro-papel em meados do século XIX.

Ambos os escritores basearam sua oposição na alegação de que o papel-moeda era, nas palavras de Lord Elibank, "uma ficção" e, para Hume, "uma falsificação". De acordo com Elibank, o aumento da dependência desse "dinheiro imaginário de papel" era um sinal, mas também uma causa de uma letargia perigosa entre seus contemporâneos: "as consequências malignas dessa fé implícita, essa confiança ilimitada, esse descuido letárgico dos meus compatriotas, no que diz respeito ao crédito em papel", levaram, em sua opinião, à "calamidade pública do aumento dos preços e das notas desvalorizadas". Segundo Hume, o dinheiro em papel distorceu a "proporção natural" entre o meio circulante, o trabalho, e as mercadorias.

É curioso observar que, já em seus primeiros passos mercantis, as transformações da economia capitalista, ou seja, a crescente divisão do trabalho, a extensão do mercado e a multiplicação das formas de riqueza "fictícia" – títulos de dívida e direitos de propriedade – se chocavam frequentemente com as regras impostas ao sistema de crédito pela conversibilidade metálica do papel-moeda.

Charles Kindleberger em seu livro *Manias, crashes and panics*, um clássico da literatura econômica, discorre a respeito da contraditória natureza do dinheiro, bem público e objeto da cobiça privada. Seria mais apropriado dizer que o dinheiro é o nexo social que articula os agentes privados que, na busca desaçaimada do enriquecimento, estão sempre empenhados em romper as amarras que os sustentam.

> O dinheiro é um bem público, mas o sistema monetário é explorado por agentes privados. A banca, aliás, é difícil de regular. A atual geração de monetaristas insiste que muitas, talvez a maioria, das dificuldades cíclicas do passado resultaram da má gestão do sistema monetário. No entanto, mesmo quando a oferta de moeda foi quase ajustada às demandas da economia, o sistema monetário não ficou "ajustado" por muito tempo. O governo regula a oferta do bem público, dinheiro, mas o público pode produzir muitos substitutos próximos ao dinheiro, assim como advogados encontram novas brechas nas leis fiscais tão rapidamente quanto a legislação fecha brechas mais antigas. A evolução de dinheiro de moedas metálicas para notas bancárias, letras de câmbio, depósitos bancários e papéis financeiros ilustra o ponto. A *Currency School* pode estar certa sobre a necessidade de uma oferta estável de dinheiro, mas é errado acreditar que a oferta de dinheiro poderia ser fixada para sempre.

O debate entre os "metalistas" do *Currency Principle* e os "papelistas" da *Banking School* marcaram o século XIX na Inglaterra e avançaram no mundo capitalista ao longo do século XX, mas não terminaram com a desvinculação do dólar ao ouro em 1971. A naturalização do dinheiro sobrevive, impávida, nos modelos macroeconômicos contemporâneos, embuçada nas regras de metas de inflação e do equilíbrio fiscal estrutural, regras que desempenham o papel da base metálica nos sistemas monetários contemporâneos.

CAPÍTULO III - DINHEIRO, BANCOS E CRÉDITO

Não há como contestar o economista italiano Marcello de Cecco em seu artigo *Monetary theory*:[5]

> Ainda hoje, quando as moedas metálicas são uma lembrança de um passado não muito recente, o principal obstáculo para uma correta compreensão dos fenômenos monetários é a identificação do dinheiro com uma mercadoria. Pelo menos na tradição anglo-americana, os teóricos monetários ainda são filhos do sistema moeda metálica. Eles oscilam entre uma ambígua e relutante aceitação da desagradável inexistência, em um sistema de equilíbrio geral, de um teorema provando a existência de equilíbrio quando o dinheiro tem um valor positivo.

Cabe repetir aqui o que foi escrito no livro *Depois da queda* a respeito de Regras e Discricionariedade na gestão monetária. Aí vai a versão um tanto modificada:

As teorias monetaristas são herdeiras legítimas do padrão-ouro em seu afã de naturalizar o dinheiro e enquadrá-lo nos escaninhos das funções de unidade de conta e meio de circulação. Assim, julgam ser possível impor normas homogêneas de gestão monetária aos indivíduos racionais e utilitaristas que, na visão naturalista, desejariam o dinheiro apenas como um instrumento facilitador das trocas fundadas na maximização da utilidade. Se isso é assim, a estabilidade monetária – o controle dos movimentos de valorização/desvalorização da moeda – é decorrência direta e exclusiva da atuação do Estado gestor. O postulado monetarista admite que não existem fatores de perturbação monetária originários das avaliações privadas. Implicitamente, supõe que as decisões dos centros privados são sempre conduzidas pela racionalidade dos agentes que habitam o mundo dos negócios e das finanças. Essas decisões gerariam resultados que correspondem ao que foi antecipado, vale dizer, as expectativas são sempre cumpridas e não há incerteza. Desta

---

[5] CECCO, Marcello de; FITOUSSI, Jean-Paul. *Monetary theory and economic institutions:* proceedings of a conference held by the International Economic Association at Fiesole, Florence, Italy. International Economic Association Series. Londres: Palgrave Macmillan, 1987.

forma, qualquer desequilíbrio monetário nasceria do descumprimento, pelo Estado, das regras de gestão.

Thorsten Polleit, economista que milita nas cavernosas regiões da Escola Austríaca, escreveu em publicação do Instituto von Mises que os Bancos Centrais e seus poderes monetários foram celebrados por Karl Marx no Manifesto Comunista. Diz Polleit que Marx, no Manifesto, recomendou a "centralização do crédito nas mãos do Estado, por meio de um banco nacional com capital estatal e um monopólio exclusivo". Nosso cavernoso austríaco assegura que esta é uma postulação bastante perspicaz, especialmente porque na época em que Marx a formulou, metais preciosos – ouro e prata em particular – serviam como dinheiro.

> Como é sabido, a quantidade de ouro e prata não pode ser aumentada à vontade. Como resultado, a quantidade de crédito (em termos de empréstimos e saldos de dinheiro emprestado) não pode ser facilmente expandida de acordo com a conveniência política. No entanto, Marx pode já ter fantasiado, o que seria possível uma vez que o Estado seja colocado em uma posição onde possa criar dinheiro através da expansão do crédito; onde o Estado usurpou e monopolizou a produção de dinheiro.

O economista da Escola Austríaca recomendaria um sistema de crédito sem permissão de criar moeda. Assim, o capitalismo retornaria à sua condição *natural* de economia governada pelos indivíduos frugais e empreendedores. No "processo de mercado" dos austríacos, a expansão da economia estaria submetida à decisão que define a preferência dos agentes individuais entre consumo presente e consumo futuro. O indivíduo-investidor-empreendedor deixa de tomar seu Primitivo, guarda o dinheiro para investir na vinícola do vizinho e sorver sua preciosidade daí a cinco anos.

A poupança prévia é acumulada sob a forma de depósitos e mobilizada pelos bancos, meros intermediários entre poupadores e "gastadores". As operações de crédito são remuneradas pela taxa *natural* de juros e apenas redistribuem as posições entre credores e devedores, refletindo as distintas preferências entre consumo presente e consumo

CAPÍTULO III - DINHEIRO, BANCOS E CRÉDITO

futuro (investimento). A dívida de A é o crédito de B: os balanços transformam-se simetricamente. Não haveria a possibilidade de uma "crise de crédito" provocada por uma diabólica capacidade dos bancos de criar moeda e promover a alavancagem excessiva. O dinheiro serve apenas para lubrificar as transações na economia real e o crédito permite a transição suave entre a poupança e o investimento.

Essa distopia austríaca imagina um capitalismo que jamais existiu. Mas em suas inconsistências e irrealismos individualistas ela denuncia as contradições da "comunidade capitalista" governada pelo despotismo do capital-dinheiro.

A obsessão com a naturalização da moeda retornou com força e *aplomb* com a tecnologia do blockchain e produção de criptomoedas mediante a "lavra e a mineração".

O economista Joseph Stiglitz recebeu a paus e pedras a criptomoeda que o *Facebook* oferece à sua multidão de clientes. No site de opinião *Project Syndicate*, Stiglitz espaldeirou a Libra, nova aventura do venturoso Mark Zuckerberg:

> Apenas um tolo confiaria seu bem-estar financeiro ao Facebook. Mas talvez esse seja o ponto: com tantos dados pessoais de 2,4 bilhões de usuários ativos mensais, quem sabe melhor do que o Facebook quantos (tolos) nascem a cada minuto?.

Stiglitz sugere que Zuckerberg e alguns de seus aliados corporativos decidiram que o mundo realmente precisa é de outra criptomoeda.

> O valor da nova moeda, a Libra, será fixado em termos de uma cesta global de moedas estatais, 100% apoiado presumivelmente em um portfólio de títulos do Tesouro dos governos. Então aqui está a fonte possível de receita: pagando nenhum juro em "depósitos" (moedas tradicionais trocadas por Libra), o Facebook pode colher um lucro de arbitragem a partir do juro que recebe sobre o uso desses "depósitos". Mas por que alguém daria ao Facebook um depósito de juros zero, quando poderia colocar seu dinheiro em uma conta ainda mais segura do Tesouro dos EUA, ou em um fundo de mercado monetário?

Boa pergunta. A narrativa do Facebook, vendida para a multidão de tolos, acompanha as hipóteses da escolha individual no processo de intercâmbio de mercadorias. "No processo de mercado," diz Ludwig von Mises: "o dinheiro é simplesmente um meio de intercâmbio de mercadorias e serviços. O dinheiro cumpre sua função ao tornar mais fácil esse intercâmbio do que seria possível na troca direta (*barter*, o chamado escambo)". Corifeu dos libertários abrigados na Escola Austríaca, Von Mises abriu caminho para Hayek postular a privatização da moeda. No livro *Denationalisation of Money*, Hayek defende:

> A abolição do uso exclusivo em cada territóric nacional da moeda emitida pelo Estado e a admissão de moedas emitidas em pé de igualdade por outros governos. (...) Ao mesmo tempo, é preciso eliminar o monopólio dos governos na oferta de moeda, para permitir o abastecimento do público com a moeda de sua preferência.

Tal como o Bitcoin e que tais, a Libra é um ativo financeiro emitido à margem da supervisão das autoridades e, assim, não pode assumir a função crucial da moeda como unidade de conta. As fortes e instáveis flutuações observadas no valor das criptomoedas as desqualificam como reservas de valor, ativos de última instância e refúgio dos possuidores de riqueza quando os mercados financeiros, depois das habituais traquinagens, buscam a proteção do Dinheiro.

É o que tentam nos ensinar as crises financeiras. Na última, a de 2007-2008, os bancos centrais forneceram Dinheiro com D maiúsculo para os bacanas dos mercados. Os sabichões estavam alocando "dinheiro" privado, denominado em moeda estatal, em ativos apetitosos que se revelaram tóxicos. Os bancos centrais – uns mais, outros menos – cuidaram de absorver ativos privados em seus balanços, enquanto os Tesouros se incumbiam da emissão generosa de títulos públicos para sustentar a rentabilidade das carteiras de ativos dos bancos privados.

Nos momentos de "crise de liquidez", os portfólios se precipitam em massa para o ativo que encarna no imaginário social e na prática dos agentes privados a forma geral da riqueza. No entanto, se todos correm para a liquidez, poucos conseguem. Na dança das cadeiras, muitos ficam sem assento. Só o provimento de dinheiro pelo Banco Central salva.

3.1 Imprimindo moeda

Está disponível no *YouTube* entrevista concedida por Alan Greespan, presidente do *Federal Reserve* de 1987 até 2006, intitulada: "Alan Greespan: WE CAN ALWAYS PRINT MONEY" (nós sempre podemos emitir moeda). Após ser questionado pelo entrevistador se os títulos do tesouro americano ainda são seguros para investir, o *ex-chairman* do FED responde: "Muito! Isto não é uma questão de avaliação de crédito. Os Estados Unidos podem pagar qualquer dívida que ele tenha, pois nós sempre podemos emitir moeda. Portanto, a probabilidade de *default* é zero". O rosto do "especialista" sentado ao seu lado não conseguiu disfarçar o espanto.

Em entrevista do atual presidente do *Federal Reserve* Jerome Powell, ao programa *60 minutes*, também disponível na internet, é possível assistir ao seguinte diálogo:

> Entrevistador: Você simplesmente inundou o sistema com dinheiro?
>
> Jerome Powell: Sim, nós o fizemos. É uma outra forma de pensar nisso. Nós o fizemos.
>
> Entrevistador: De onde ele vem? Você simplesmente imprimiu?
>
> Jerome Powell: Nós imprimimos digitalmente. Como Banco Central nós temos a habilidade de criar dinheiro, digitalmente, e nós fazemos isso comprando títulos do tesouro ou *bonds*, o que na realidade amplia a oferta de dinheiro. Nós também imprimimos moeda efetivamente e distribuímos pelos bancos do *Federal Reserve*.

O senso comum afirma que o orçamento do Estado se assemelha ao de uma família, mas uma evidente observação causa estranhamento a essa ideia: famílias, empresas e as diversas instâncias de governo, como estados e municípios, têm de gerir suas receitas e despesas em níveis muito distintos de complexidade e alternativas, mas o Governo Federal é o único agente na economia nacional capaz de emitir o meio de pagamento para liquidar suas obrigações.

Essa constatação leva, por sua vez, a outro tipo de perturbação: se o Governo Central pode emitir dinheiro, por que não resolve todos os problemas do país com essa solução?

A resposta daqueles que se sentem familiarizados com economia que a emissão monetária só causará inflação, gerando uma proporcional elevação nos preços e efeito neutro na riqueza existente. Ou ainda pior, ao permitir ao Estado liquidar suas obrigações às custas de uma redução do poder aquisitivo da sociedade.

Na verdade, a inflação não está direta ou proporcionalmente relacionada à emissão de moeda pelo Estado. A política de flexibilização quantitativa (*quantitative easing*), inaugurada como combate à crise de 2008 e aprofundada como resposta aos efeitos econômicos da Covid-19, é um exemplo radical das possibilidades da ampliação da quantidade de moeda estatal (para sustar a desvalorização dos ativos financeiros), sem efeitos convergentes na inflação.

A crise tem o poder de empenhar coletivamente as decisões individuais na venda dos diversos ativos financeiros que apresentam sua liquidez ameaçada. O comportamento desencadeia a realização do próprio efeito temido, pois o aumento na oferta desses ativos, que é também uma elevação na demanda por moeda, provoca a perda de valor do primeiro ante a segunda, deprimindo renda e riqueza, inserindo cada vez mais ativos nesta temerária condição.

Como resposta, os bancos centrais das principais economias do mundo passaram a adquirir ativos financeiros, buscando sustentar seus preços nos mercados e ao mesmo tempo abastecê-los de moeda.

No dia 01.09.2008, o balanço do FED (banco central norte-americano) detinha US$ 925 de bilhões em ativos. No dia 08.12.2008, já constavam mais de US$ 2,250 trilhões, refletindo a aquisição de US$ 1,325 trilhões em ativos no mercado em um

CAPÍTULO III - DINHEIRO, BANCOS E CRÉDITO

período de pouco mais de três meses. As compras do FED seguem até seu balanço se estabilizar em pouco menos de US$ 4,5 trilhões entre 2014 e 2018.

Após uma contração de aproximadamente US$ 700 bilhões até setembro de 2019, o FED realiza uma nova expansão de seu balanço, sem precedentes, como resposta aos efeitos da Covid-19, saltando de US$ 4,1 trilhões em 17.04.2020 para US$ 6,9 trilhões em 11.05.2020, superando os US$ 7,1 trilhões ao final de outubro de 2020.

Durante esse período, *Federal Reserve* lutou não para conter, mas para acelerar uma inflação que teimava em escorregar para baixo da meta.

Tabela 1: Inflação norte-americana (variação anual em %)

2008	0.1
2009	2.7
2010	1.5
2011	3
2012	1.7
2013	1.5
2014	0.8
2015	0.7
2016	2.1
2017	2.1
2018	1.9
2019	2.3
2020 (set.)	1.3

Isso se explica pelas expectativas pouco animadoras quanto à demanda na economia norte-americana e global, que elevaram a preferência pela liquidez. Ou seja, quem detém o poder de decidir investir e emprestar dinheiro prefere permanecer com sua riqueza em formas mais líquidas, pelo receio de uma demanda futura insuficiente para viabilizar empreendimentos de maior risco, resultando em perdas para o capital emprestado ou investido.

É o investimento que realiza a socialização da renda, pois os desembolsos daqueles que concedem crédito e contratam mão de obra, máquinas, equipamentos e insumos são a receita e renda dos contratados. Sua ausência resulta em restrições econômicas para o conjunto da sociedade, com reflexos negativos no poder aquisitivo e na demanda.

A inflação, portanto, não é função da quantidade de moeda em uma economia, ela é causada por um excesso de demanda agregada em relação à oferta. A maneira mais simples de pensar um processo inflacionário é tomar um leilão como exemplo. Na existência de diversos compradores (demanda) disputando a aquisição de um ou poucos bens (oferta), o processo seletivo será definido pelo preço, ou seja, esse será elevado até o ponto em que existam compradores dispostos a pagar em número igual à oferta disponível. O raciocínio inverso é verdadeiro.

Para o bem e para o mal, a quantidade de moeda disponível não é capaz de gerar poder aquisitivo, demanda e inflação. A ideia de uma relação direta entre o volume dos agregados monetários e o nível de preços pressupõe desconsiderar o desejo pela manutenção da riqueza em formas mais líquidas. A moeda no desempenho da função reserva de valor não se realiza enquanto demanda e poder aquisitivo. A liquidez pode permanecer empoçada em ativos líquidos ao invés de se inserir no fluxo capaz de gerar renda.

Esse é um problema que se torna cada vez mais complexo e evidente pelo desenvolvimento do sistema financeiro, dedicado a criar formas de pagamento e ampliar a liquidez de ativos, mudando a forma como os agregados monetários impactam a economia e tornando a tentativa de seu controle quantitativo pouco eficaz para as metas da política monetária.

Hoje os agregados monetários consideram as diversas formas líquidas da riqueza, como moeda (papel ou metálica) em poder do público, moeda em poder dos bancos e seus depósitos no Banco Central (reservas bancárias), depósitos à vista nos bancos comerciais, depósitos a prazo como poupança e fundos de aplicação financeira, títulos do governo em poder do público, títulos privados e a capacidade aquisitiva por outras formas como cartão de crédito.

CAPÍTULO III - DINHEIRO, BANCOS E CRÉDITO

Os países podem adotar diferentes classificações para seus agregados monetários, e costumam hierarquizar as categorias conforme a liquidez. A base monetária se restringe às formas mais líquidas. Geralmente, a definida como M1 é formada pelo total de moeda que não rende juros e é de liquidez imediata (moeda metálica ou papel em poder do público somados aos depósitos à vista nos bancos).

Atualmente as metas empregadas pelos bancos centrais para o controle da inflação, buscando compatibilizar a liquidez da economia com a evolução desejada do nível de preços, não se apoiam primordialmente na análise quantitativa dos agregados monetários.

O principal instrumento da política monetária para estimular ou arrefecer a demanda por bens e serviços da economia é o manejo da taxa de juros. Vamos usar como exemplo alguns dos efeitos da elevação na taxa de juros nas condições de investimento e consumo, lembrando que os efeitos reversos valem para uma queda na taxa de juros.

Elevar a taxa de juros aumenta o prêmio (recompensa) para quem investe no país, o que tende a valorizar a moeda doméstica. A apreciação da moeda reduz o preço de produtos importados em moeda doméstica. Pelo mesmo mecanismo, os produtos exportados tornam-se menos competitivos, reduzindo a demanda sobre eles.

Aumentos na taxa de juros provocam também uma desvalorização de diversos ativos financeiros, como títulos de dívida e ações de empresa, pois sua precificação a valor presente considera o desconto dos fluxos diferidos no tempo a partir da aquisição daquele ativo, seja ele de dívida ou capital proprietário. Portanto, quanto maior a taxa de desconto menor o valor presente do ativo. A taxa de juros, enquanto custo de oportunidade, determina essa taxa de desconto.

De forma simplificada, se a taxa de juros for elevada para 15% ao ano, quem já detinha um título de risco similar com remuneração de 10% para o mesmo período, só conseguirá vendê-lo antes do vencimento se aceitar um deságio em seu valor capaz de equipará-lo. A elevação no custo de capital tende a diminuir também o lucro das empresas e, por consequência, o preço das ações. Essa redução no estoque de riqueza existente cria um ambiente mais adverso aos investimentos das empresas e consumo das pessoas.

> A taxa de juros é um fenômeno monetário no sentido específico de que é a taxa de juros do próprio dinheiro que equaliza os benefícios de deter dinheiro efetivo a um direito de recebimentos diferidos de dinheiro. (...) A função da taxa de juros é modificar o preço do dinheiro para outros ativos de capital de forma a equalizar as vantagens em detê-los e as de deter dinheiro.[6]

Uma vez que o futuro será formado pelo resultado do conjunto de medidas e convicções dos diversos agentes econômicos, o manejo da taxa de juros proporciona ainda um efeito de referência para decisões e expectativas sobre as condições de liquidez para a realização de investimento e consumo futuro.

Um dos canais mais relevantes do manejo da taxa de juros ocorre pelo crédito. A elevação da taxa de juros pelo banco central se dissemina pelas taxas cobradas pelos bancos, reduzindo o volume de empréstimos e liquidez disponível, bem como a geração de poder aquisitivo pelo sistema financeiro para pessoas e empresas.

É nesse sentido que podemos dizer que em sistemas financeiros desenvolvidos a oferta de moeda e liquidez tornam-se endógenos, pois variam em decorrência das decisões e preferências dos agentes financeiros em manter a riqueza na forma líquida ou renunciá-la, na forma de crédito ou investimento.

A moeda materializa uma trindade. Ela exerce a função da unidade de conta e, ao nominar o valor de todas as mercadorias, incorpora ao mercado tudo que puder ser batizado por ela e exclui dessa sociabilidade o que não puder ter seu preço expresso em dinheiro, sem o qual não é possível realizar sua função de meio de pagamento. Enquanto meio de pagamento ela é a chave que dá acesso a todas as mercadorias, ela é

---

[6] KEYNES, John Maynard. *The general theory of employment, interest and money*. Londres: Macmillan, 1936. (N. E., tradução livre).

CAPÍTULO III - DINHEIRO, BANCOS E CRÉDITO

o meio entre a necessidade e o objeto, entre a vida e o meio de vida do homem. Daí deriva sua função de reserva de valor.

O dinheiro, na medida em que possui o atributo de tudo comprar, na medida em que possui o atributo de se apropriar de todos os objetos, é, portanto, o objeto enquanto possessão eminente. A universalidade de seu atributo é a onipotência de seu ser; ele vale, por isso, como onipotente.

As contradições da moeda enquanto meio de pagamento e reserva de valor são desdobramentos em novos patamares da contradição entre valor de uso e valor de troca da mercadoria, da separação entre o ato da venda e da compra e da ausência de identidade entre poupança e investimento *ex ante*.

Poupança agregada e investimento agregado, nos sentidos que eu os defini, são necessariamente iguais, da mesma forma que a compra agregada de qualquer coisa no mercado é igual às vendas agregadas. Mas isso não significa que comprar e vender são termos idênticos, e as leis de oferta e demanda são sem sentido.

A existência de um preço em que oferta e demanda se equivalem não significa uma identidade harmônica no sentido de uma conversão imediata (*ex ante*), de que toda oferta encontrará sua demanda ou toda demanda encontrará oferta. Antes o contrário, como no exemplo do leilão para explicar a variação dos preços, o ponto de encontro entre oferta e demanda se dá justamente por "ajustes" que envolvem exclusão. "(...) a vontade (demanda) sem dinheiro não é efetiva. É mera abstração. Se tenho vocação para estudar, mas não tenho dinheiro para pagar pelos estudos, não tenho qualquer vocação para estudar".

A demanda efetiva é a moeda que se apresenta enquanto meio de pagamento e poder aquisitivo. Assim como a vontade sem dinheiro não é efetiva, também não é o dinheiro sem vontade. A disponibilidade de dinheiro é condição necessária, mas não suficiente para essa demanda efetiva, pois os agentes econômicos podem deter moeda e preferir mantê-la na forma de potência enquanto riqueza abstrata, como reserva de valor. Quem realiza a moeda como meio de pagamento aliena sua potência enquanto reserva de valor; quem preserva sua função de reserva de valor se abstém e renuncia a realizar sua função de meio de pagamento. O primeiro acrescenta e o segundo deprime a demanda efetiva.

Para diversos "preços de equilíbrio", o capital não empregado na forma de crédito e investimento resulta em não emprego de fatores de produção e não percepção de receita pelos excluídos (não contratados) que, por sua vez, sem renda, não terão poder aquisitivo para adquirir diversas mercadorias ao preço ofertado. O preço de equilíbrio entre oferta e demanda não guarda qualquer correlação com a promoção da produção e da renda em patamares quantitativos e qualitativos desejáveis, seja do ponto de vista social, ambiental ou macroeconômico.

A teoria convencional buscou uma elegante solução para oferecer um equilíbrio harmonioso e desaparecer com as inquietantes clivagens de uma economia capitalista: embutir os resultados desejados nos pressupostos, oferecendo a paz de uma lógica tautológica. O baixo poder explicativo desse expediente é inversa e proporcionalmente compensado pelo apelo ao desejo humano por fundamento e controle. Crenças com soluções totalitárias constituem o ansiolítico mais antigo, eficiente e utilizado pela humanidade.

A divisão da sociedade entre agentes que controlam a decisão de investir e emprestar, por deterem capital, enquanto outros são afetados pela influência direta na renda decorrente da decisão dos primeiros, foi equacionada pela coisificação desses agentes em insumos de produção (capital e trabalho), enquanto os indivíduos foram todos colocados em uma sociedade de mão única na condição de consumidores.

O capital produz mais incômodas cisões. A separação da troca em dois momentos, a compra e a venda. Tal advento possibilitou a generalização das relações mercantis, mas simultaneamente trouxe a perigosa possibilidade de interrupção do processo de circulação na forma de poupança e entesouramento, que deprimem o consumo e o investimento pela retirada do valor do processo de geração de renda. No circuito D-M-D', o dinheiro aparece como riqueza potencial e, ao mesmo tempo, apresenta a possibilidade de impotência da forma geral de riqueza.

CAPÍTULO III - DINHEIRO, BANCOS E CRÉDITO

Essa contradição demanda um desconfortável contorcionismo às pretensões lineares e unívocas da teoria econômica convencional: dissimular as contradições entre o exercício das funções meio de pagamento e reserva de valor da moeda pela inserção de uma demanda estável por moeda, desaparecendo com os inconvenientes decorrentes das flutuações na preferência pela liquidez e tornando os ativos reais e financeiros harmoniosamente intercambiáveis.

Neste Éden arquitetado pelos economistas, toda oferta gera sua própria demanda, assim como poupança e investimento constituem uma identidade *ex ante*. As crises foram reduzidas a flutuações em torno da trajetória de equilíbrio decorrentes de "choques exógenos", como mudanças tecnológicas ou na preferência dos consumidores, superados pelos mecanismos automáticos de ajuste, presentes nos pressupostos e resultados dessa teoria.

A chamada síntese neoclássica subverteu a teoria monetária keynesiana, transformando sua revolucionária contribuição em uma hipótese dentro da teoria econômica convencional, e simultaneamente ofereceu à moeda o mesmo tratamento equilibrista conferido às mercadorias convencionais.

O mercado de bens e serviços e o mercado monetário têm seu equilíbrio apoiado na mecânica de que a taxa de juros, enquanto preço do dinheiro, será determinada na interação entre demanda e oferta de títulos (ativos menos líquidos, mas que oferecem remuneração) e moeda (nada rende, justamente por ser imediatamente líquido).

Como demonstrado no exemplo da crise de 2008, uma elevação na demanda por moeda (liquidez) provoca um aumento na oferta de títulos (bem como dos demais ativos financeiros) e vice-versa.

Essa simetria entre o mercado monetário e de títulos corresponde à taxa de juro enquanto preço do dinheiro, na forma de custo de oportunidade de reter moeda, pois a demanda por moeda diminui conforme aumenta a taxa de juros.

Para tomarmos um caso prático, vamos nos valer do caso brasileiro, onde o Banco Central tem como mandado a meta de inflação e, como principal instrumento para alcançá-la, a taxa Selic.

Selic significa Sistema Especial de Liquidação e de Custódia, e é uma infraestrutura do mercado financeiro administrada pelo BC. Nele são transacionados títulos públicos federais e a taxa média ajustada dos financiamentos diários apurados nesse sistema corresponde à taxa Selic. A taxa Selic refere-se à taxa de juros apurada nas operações de empréstimos de um dia entre as instituições financeiras que utilizam títulos públicos federais como garantia. O BC opera no mercado de títulos públicos para que a taxa Selic efetiva esteja em linha com a meta da Selic definida na reunião do Comitê de Política Monetária do BC (Copom).

Existem basicamente três tipos de títulos públicos: os prefixados, que permitem saber exatamente a rentabilidade e o valor a ser recebido na data de vencimento; títulos, cuja rentabilidade da aplicação é baseada na taxa Selic, e títulos com rentabilidade composta por uma parte fixa (prefixada) e uma parte atrelada à variação da inflação, medida pelo IPCA. Cabe sublinhar que pelas razões já expostas, a Selic influencia todas as taxas de juros do país, como as taxas de juros dos empréstimos, dos financiamentos e das aplicações financeiras.

O Comitê de Política Monetária (Copom) é o órgão do Banco Central, formado pelo seu Presidente e diretores, que define, a cada 45 dias, a taxa básica de juros da economia – a Selic. As decisões do Copom são tomadas visando alinhar a inflação medida pelo IPCA com a meta definida pelo Conselho Monetário Nacional.

Definida a taxa Selic, o Banco Central atua diariamente por meio de operações de mercado aberto – comprando e vendendo títulos públicos federais – para manter a taxa de juros próxima ao valor definido na reunião. As atuações realizadas pelo BC para fazer com que a taxa de remuneração conhecida como *overnight* convirja para a taxa Selic são denominadas como operações compromissadas.

A operação compromissada, também conhecida como acordo de recompra (*repurchase agreement*), *repo*, *RP* ou acordo de venda e recompra, é uma forma de empréstimo de curto prazo lastreado em títulos do governo. Pode ser realizada entre agentes privados, mas, no caso em questão, o BC toma dinheiro, com o intuito de reduzir a liquidez no sistema financeiro, vendendo um título público, por acordo entre

CAPÍTULO III - DINHEIRO, BANCOS E CRÉDITO

as duas partes, que será comprado de volta logo depois, geralmente no dia seguinte, remunerado pela taxa *overnight*, que deve ser igual a Selic (proporcional ao período).

Em outubro de 2020, o volume total de operações compromissadas realizadas pelo BC do Brasil alcançaram o valor de R$ 1,736 trilhões.[7] Isso significa que foram emitidos títulos públicos nesse montante, contabilizados na dívida pública, não em decorrência direta de necessidade de financiamento para rolagem da dívida pública ou déficit primário, mas para o enxugamento da liquidez excedente no mercado monetário buscando que a remuneração do *overnight* convirja para a Selic.

Para o 2º trimestre de 2020, o valor do PIB auferido pelo IBGE foi de R$ 1,653 trilhões, valor inferior ao volume de operações compromissadas, realizadas para que o preço do dinheiro seja o definido pelo Copom (taxa de juros).

As operações compromissadas, portanto, operam pelo mesmo mecanismo, mas no sentido contrário, do *quantitative easing*. São operações que visam aumentar a demanda por moeda, para sustentar o preço do dinheiro e buscar cumprir a meta de inflação. Mas, como demonstrado pela própria política do *quantitative easing,* a existência de riqueza na forma de moeda não é suficiente para gerar inflação. Inflação, enquanto uma demanda excedente à capacidade de oferta, pressupõe o emprego dessa moeda como poder aquisitivo abandonar a forma reserva de valor para exercer a função meio de compra.

É nesse ponto que as elegantes divisões entre política monetária e fiscal são comprometidas.

No Brasil, onde as operações compromissadas, instrumento da política monetária, representam um percentual expressivo do que é contabilizado como dívida pública, tal segregação fica particularmente comprometida.

---

[7] FERNANDES, Bruno Serra. *Implementação da Política Monetária frente à dinâmica recente dos mercados de renda fixa.* 14 de outubro de 2020.

Ao redor do globo, a atuação dos bancos centrais foi essencial para evitar uma grande crise financeira e sustar a deflação do preço dos ativos financeiros. A expansão da liquidez no mercado financeiro, no entanto, não se converteu em aumento da demanda por bens e serviços ou investimentos. Por essa razão, inflação, atividade econômica, renda e emprego (esse último com alterações estruturais que merecem um tratamento específico) seguem em ritmo letárgico.

Ante as expectativas de demanda pouco promissoras, a política econômica tem de promover a oferta de moeda enquanto poder aquisitivo (meio de pagamento) valendo-se da política fiscal, como apelam em elevados decibéis não apenas economistas heréticos, mas também órgãos como FMI, *BIS*, autoridades monetárias nacionais e até revistas como a *The Economist*.

> Pela primeira vez, em 60% da economia global e 97% das economias avançadas, a taxa de juros praticada pelos bancos centrais estão abaixo de 1%. Em um quinto do mundo, elas são negativas (...). Apesar desse esforço, a inflação permanece persistentemente baixa e em alguns casos uma deflação intermitente (...). Isso conduz a inescapável conclusão que o mundo está em uma armadilha da liquidez (...). Governos podem produtivamente combater o déficit na demanda agregada (...). Como destacou o presidente do FED. Autoridades fiscais podem suportar ativamente a demanda por meio de transferência de dinheiro para promover o consumo, investimentos em larga escala em instalações médicas, infraestrutura digital e proteção ambiental. Estes gastos criam empregos, estimulam o investimento privado e estabelecem as bases para uma recuperação mais forte e verde.[8]

Aqui nos reencontramos com a pergunta inicial quanto a possibilidade de emprego da prerrogativa do Estado em poder emitir moeda para "poder resolver problemas". O espectro das possibilidades da política econômica é restringido, sendo alguns temas interditados, pelo

---

[8] Gita Gopinath, Economista Chefe do FMI.

CAPÍTULO III - DINHEIRO, BANCOS E CRÉDITO

discurso performático que associa a gestão do orçamento do governo central com o de famílias, empresas ou outros entes da federação.

O senso comum, construído a partir da ótica da gestão do orçamento familiar, fica perturbado com a ideia de que uma nação possa enriquecer fazendo o que empobrece um indivíduo.

Para pensar em um país, é preciso uma perspectiva macro, que considere o resultado como um todo (vivemos em tempos em que o óbvio deve ser reafirmado). Ainda que a decisão de gastar seja individual, ela afeta os outros, pois a despesa é sempre uma transação bilateral. Ao gastar minha renda, aumento a de quem me forneceu o produto ou serviço. A despesa individual é uma adição à renda de todos. Se todos gastam mais, a comunidade enriquece e ninguém fica mais pobre.

O verdadeiro e único limite ao crescimento da renda nacional é sua capacidade de produzir. Com o pleno emprego da capacidade produtiva de um país, é alcançada a capacidade máxima temporária de oferta de bens e serviços. É nesse ponto que um acréscimo na demanda se reverte em elevação nos preços (inflação), pela impossibilidade temporária de ampliação da oferta para atender essa demanda excedente.

Enquanto a expansão do gasto e da liquidez não causar esse excesso de demanda agregada, ela não só pode como deve ser feita. Abster-se de gastar em um momento de depressão é desperdiçar máquinas e trabalhadores disponíveis, é falhar com a sociedade e promover a miséria.

Em momentos de alta incerteza e receio sobre o destino da economia, os indivíduos tornam-se menos dispostos a gastar, aumentando o desemprego e deprimindo a renda. Cabe ao governo ocupar a lacuna deixada pelos gastos individuais.

As despesas governamentais podem ter efeitos ainda mais benéficos se realizadas buscando redistribuir renda e alcançar setores que impactem positivamente a qualidade de vida, a produtividade e a preservação do meio ambiente. Por isso, as despesas governamentais devem atuar de forma compensatória em momentos de depressão. Mesmo que para financiá-las o governo tenha de recorrer a empréstimos a juros que em grande medida são determinados por ele mesmo e capazes de serem líquidados por moeda emitida também por ele.

Não há dúvida de que o governo assume uma dívida ao tomar dinheiro emprestado para gastar, mas em relação absolutamente distinta do endividamento contraído por um indivíduo. Essa é uma dívida do país com seus próprios cidadãos. Aqui uma diferença essencial com relação a dívidas contraídas em moeda estrangeira, liquidadas em moeda não emitida pela autoridade monetária nacional. Atualmente, o Brasil pode ser considerado credor com o resto do mundo, uma vez que detém reservas internacionais em valores superiores ao da sua dívida em moeda estrangeira.

O tema que efetivamente deveria ocupar o papel central no debate econômico, democrático e não confinado aos chamados especialistas, gravita outras questões, como quem será beneficiado com a ampliação da liquidez, enquanto geração de poder aquisitivo pela política econômica.

O *quantitative easing* parece ter deixado evidente que uma ampliação da liquidez no mercado financeiro, seja pela redução dos juros ou aquisição de ativos financeiros pelo banco central, pode permanecer empossada, inflacionando o preço dos ativos financeiros e o estoque de riqueza existente, mas sem se converter em poder de compra e demanda da população, renda ou desenvolvimento.

Da mesma forma, os programas de transferência de renda direta para a população por meio dos programas emergenciais de combate aos impactos negativos da Covid-19, se revelou eficiente no estímulo da demanda. A injeção de liquidez direcionada para políticas distributivas deu claros indícios de sua maior eficiência em criar atividade econômica e reduzir os níveis de miséria e pobreza, em um curto espaço de tempo.

Atividade econômica e desenvolvimento não são predominantemente uma questão de manejo da quantidade de moeda disponível, a propriedade sobre ela é determinante para a forma que essa assumirá (reserva de valor ou meio de pagamento) e para a definição de quais setores serão estimulados.

CAPÍTULO III - DINHEIRO, BANCOS E CRÉDITO

A experiência sugere que o tema distributivo, sob uma ótica social, ambiental e democrática, deve ocupar papel central nas escolhas da política econômica, tanto do ponto de vista do dispêndio quanto da arrecadação.

Mais da metade de tudo que o governo arrecada vem da tributação de bens e serviços, que incide de forma igual sobre desiguais. Isso significa que independentemente de sua renda, o cidadão paga o mesmo imposto sobre aquele bem ou serviço consumido, o que proporcionalmente onera mais os que têm menos.

> Esses recursos – que são transferidos para as camadas mais abastadas e, deste modo, aprofundam o caráter regressivo da tributação – totalizam cerca de 12,8% do PIB, patamar próximo do montante de receitas obtidas pela tributação de bens e serviços (16,23% do PIB), no caso da Seguridade Social, cujo dispêndio (11,3% do PIB) é menor que a parcela capturada pelas renúncias e pela sonegação (12,8% do PIB).[9]

O debate econômico aparenta uma oposição entre aqueles que desejam limitar e controlar o gasto público, ainda que isso implique comprometer políticas públicas, e os que priorizam ampliar a rede de proteção social do Estado, sem compromisso com o controle dos gastos e dívida pública.

O cidadão de carne osso fica cindido entre a percepção de um excesso de Estado na hora de pagar tributos[10] e o sentimento de desamparo

---

[9] FAGNANI, Eduardo (org.). *A Reforma Tributária necessária* — Justiça fiscal é possível: subsídios para o debate democrático sobre o novo desenho da tributação brasileira. Brasília: ANFIP: FENAFISCO: São Paulo: Plataforma Política Social, 2018, p. 14.

[10] "O caráter regressivo da tributação é patente pela reduzida participação relativa do imposto sobre a renda na arrecadação total (18,3%), em relação à média dos países da OCDE (34,1%); e pela menor participação relativa da tributação do patrimônio: 5,5% (média da OCDE) e 4,4% (Brasil). Em contrapartida, a participação relativa dos impostos que incidem sobre o consumo é bem maior no Brasil (49,7%) do que na OCDE (32,4%, em média)... No caso do Imposto de Renda da Pessoa Física (IRPF), além da baixa ou nula tributação das rendas do capital, a

na carência dos serviços públicos essenciais. A contradição aponta para a verdadeira questão: superar o debate de mais ou menos Estado e avançar para a análise de quem devemos cobrar impostos e a quem deve se destinar os recursos públicos.

Além das interdições do debate econômico ao público em geral por um discurso performático revestido com verniz técnico –, mas que resulta na absurda simplificação de que o orçamento do governo central se assemelha ao de uma família –, os mistérios da moeda somados à rejeição a tudo que é público, pela associação da ideia de que será determinado politicamente, contribuem para a rejeição de políticas que poderiam promover um futuro mais prospero a todos nós, enquanto sociedade.

A alienação decorrente da naturalização das regras econômicas, que são autoimposições e convenções sociais, interditam o verdadeiro debate necessário. A política econômica que pretende realizar um regime democrático deve necessariamente enfrentar a composição das despesas e arrecadação do governo.

Tudo aquilo que aparece como força normativa deve ser analisado na sua gênese. A compreensão de como as coisas são feitas, pela desconstituição daquilo que aparece como necessário. Ao desfazer sua aparência de coesão, se explicita aquilo que a norma procura deixar implícito. O pensamento nasce da problematização do senso comum, quando não é possível mais orientar seus julgamentos a partir dele. A operação do pensamento é uma operação crítica ao senso comum, problematizar aquilo que aparece como dado, como evidência, para colocar em questão aquilo que se apresenta como representação natural.

---

alíquota máxima praticada (27,5%) no Brasil é bem inferior da média da OCDE (43,5%) e sua participação na arrecadação total é 3,5 vezes menor (2,4% do PIB no Brasil e 8,5% na OCDE)... Em 2015, nos países da OCDE, a alíquota máxima do IRPF permanecia em níveis iguais ou superiores a 50% em muitas nações (Bélgica, Holanda Suécia, Dinamarca e Japão) e entre 40% e 50%, em outras (Alemanha, França, Itália, Noruega, Portugal e Reino Unido)". FAGNANI, Eduardo (org.). *A Reforma Tributária necessária* – Justiça fiscal é possível: subsídios para o debate democrático sobre o novo desenho da tributação brasileira. Brasília: ANFIP: FENAFISCO: São Paulo: Plataforma Política Social, 2018, p. 19.

CAPÍTULO III – DINHEIRO, BANCOS E CRÉDITO

Aproximações acerca dos conceitos de moeda e Estado demandam extrapolar as barreiras em que os economistas confinaram seu conhecimento.

Na fuzilaria assestada contra a Moderna Teoria Monetária, podemos identificar resquícios e heranças dessas sucessivas investidas para a naturalização do dinheiro. Trata-se também de exorcizar o temor da possibilidade de o Estado, enquanto gestor da moeda, enveredar por ações arbitrárias e danosas aos indivíduos que operam nos mercados. Os ataques visam, sobretudo, limitar a faculdade que os agentes privados são obrigados a conceder aos bancos centrais na execução da política monetária. A questão crucial reside na possibilidade de os bancos centrais ultrapassarem os limites estabelecidos pelos poderes dos mercados financeiros. Esse jogo de poder está disfarçado em uma linguagem "científica" que recomenda regras incontornáveis.

Dentre as lacunas da Moderna Teoria Monetária, as mais relevantes são ignorar os limites da emissão monetária pelo Estado e desconsiderar que as decisões de emissão do *dinheiro estéril* devem ser avaliadas pelo sistema bancário que sopesa os riscos de crédito. Os bancos podem sancionar ou vedar a aposta empresarial na aquisição de novos ativos e no financiamento da produção corrente.

Essa forma de criação monetária está submetida às relações indissociáveis e conflituosas entre os poderes da propriedade privada e da soberania estatal. À pretexto de se cingir às regras da "ciência", a teoria econômica dita ortodoxa expurga as relações de poder de uma disciplina que –, supõe-se – cuida da sociedade dos homens e de seus poderes.

Conforme mencionado, caros "cientistas", o dinheiro ingressa na circulação com a benção do Estado e a unção das relações de propriedade, isto é, decorre dos contratos de financiamento entre credores e devedores, mediante a cobrança de uma taxa de juros. A relação credor-devedor abriga em si mesma a instituição fundamental da economia capitalista de mercado, a propriedade privada. Não por acaso, Marx definiu o Capital a Juros como Capital-Propriedade.

O banco credor empresta exercendo a função de agente privado do valor universal. Aí está implícita a tensão constitutiva entre o caráter público e a dimensão privada do Dinheiro Capitalista, ou se quiserem, da Economia Monetária da Produção.

Somente uma forma de riqueza dotada de reconhecimento diretamente social, garantido pelo Estado, é capaz de assegurar a validade das decisões e dos critérios de enriquecimento privado nas economias capitalistas. As políticas monetária e fiscal do Estado Soberano estabelecem, em cada momento do ciclo de crédito, as condições que devem regrar e disciplinar as expectativas de credores e devedores.

O devedor exercita seus anseios de enriquecimento como proprietário privado, usufruindo a potência do valor universal. O dinheiro é riqueza potencial, promessa de enriquecimento, mas também algoz do fracasso. Se o devedor não servir a dívida, o banco, agente privado do valor universal, deve expropriar o inadimplente. A política monetária do Estado é incumbida, em cada momento do ciclo de crédito, de estabelecer as condições que devem regrar e disciplinar as expectativas de credores e devedores. Faz isso mediante a taxa de juros que remunera as reservas bancárias. No circuito da renda monetária, os gastos privados e públicos precedem a coleta de impostos. As razões são óbvias. Não há como recolher impostos, se a renda não circula.

Nos momentos de crise, como hoje, a ruptura dos circuitos monetários fomentados pelo crédito e pelo gasto entrega ao gestor público da moeda um poder extraordinário.

Na relação débito-crédito, a propriedade privada e seus poderes assumem a forma mais avançada porque está concentrada nas regras abstratas dos mercados financeiros. Trata-se de um exemplo, sem rival, da chamada abstração real, uma vez que todas as relações entre os indivíduos-agentes, empresas e o Estado são transfiguradas em relações monetárias e patrimoniais. E sob essa roupagem passam a comandar os destinos das economias, das sociedades e dos humanos.

CAPÍTULO III - DINHEIRO, BANCOS E CRÉDITO

No livro o *Capital e suas Metamorfoses* cuidamos da progressiva abstração que aflige o dinheiro, forma geral da riqueza. Marx afirmou reiteradamente que o desenvolvimento (no sentido lógico-genético) do regime do capital reforça o caráter social da produção de mercadorias, e esse avanço da "socialização capitalista" torna a conversibilidade do dinheiro de crédito no dinheiro-mercadoria, seja sua materialidade "uma aspiração disparatada".

O dinheiro – a forma geral do valor e expressão universal da riqueza – somente ele, realiza a riqueza individual como riqueza social; é o dinheiro este "objeto". Há quem confunda essa objetividade com a corporeidade metálica, mas, na construção de O Capital, a corporeidade metálica é apenas o passo "mercantil" para que a objetividade assuma a sua forma apropriada ao regime do capital plenamente constituído.

> A existência social (do dinheiro) "aparece" como um objeto, uma coisa, como mercadoria, junto aos elementos reais da riqueza social e, ao mesmo tempo, à margem deles. Quando a produção funciona sem entorpecimentos, isto não é lembrado. O crédito, *que também é uma forma social da riqueza,* substitui o dinheiro (metálico) e usurpa o lugar que lhe correspondia. É a confiança no caráter social da produção que faz a forma dinheiro dos produtos (forma material do dinheiro) como algo destinado a desaparecer, como algo puramente ideal, como mera representação... Mas, tão logo estremeça o crédito, pretende-se que toda a riqueza real deve ser convertida em dinheiro (nas reservas-ouro), *aspiração disparatada*, mas que brota necessariamente do sistema mesmo.

As novas ideias da Moderna Teoria Monetária já circulavam no século XIX sob o patrocínio dos discípulos de Proudhon. Nos *Grundrisse*, Marx tratou das insidiosas armadilhas conceituais que acompanharam as transformações institucionais dos sistemas monetários. A mais traiçoeira das armadilhas está escondida nas relações entre a propriedade privada e a gestão inapelavelmente pública da moeda como uma instituição social.

Marx argumentou gentilmente com os seguidores de Proudhon e questionou suas indagações corretas, porém, incompletas. Os pioneiros da MMT, sugeriu Marx, formulariam a seguinte pergunta:

> Sem este novo instituto da circulação, (a moeda bancária) teria sido possível a grande indústria moderna, as sociedades por ações etc., as mil formas de papéis de circulação que são tanto produtos do comércio e da indústria modernos como suas condições de produção? Sem a concentração de crédito (– leia-se o controle dos bancos e do banco central –) que suscitou as dívidas do Estado, que criou o juro do dinheiro em antítese à renda da terra e, desse modo, as finanças em antítese à propriedade fundiária?

Marx responde:

> Chegamos aqui à questão fundamental, que não se relaciona mais com o ponto de partida. A questão geral seria: as relações de produção existentes e suas correspondentes relações de distribuição podem ser revolucionadas pela mudança no instrumento de circulação – na organização da circulação? Pergunta-se ainda: uma tal transformação da circulação pode ser implementada sem tocar nas relações de produção existentes e nas relações sociais nelas baseadas?

É necessário, no entanto, assinalar que, na sequência de sua argumentação, Marx reconhece a possibilidade de mutações nas

> distintas formas de dinheiro que podem corresponder melhor à produção social em diferentes etapas, uma elimina inconvenientes contra os quais a outra não está à altura; mas nenhuma delas, enquanto permanecerem formas do dinheiro e enquanto o dinheiro permanecer uma relação social essencial, não podem abolir as contradições inerentes à relação do dinheiro, podendo tão somente representá-las em uma ou outra forma.

A despeito dos esforços que fazem para escapar das velhas ideias, os adeptos da MMT não conseguem fugir das más abstrações da economia vulgar. Isso ocorre, em boa medida, por conta da separação das funções da moeda, unidade de conta, meio de pagamento e reserva de valor, como se essas funções pudessem ser compreendidas como formas isoladas. As funções só adquirem sentido se inscritas no *conceito* de moeda em uma economia monetária capitalista. Em seu movimento de geração de valor e de acumulação de riqueza abstrata, o capitalismo ilude

CAPÍTULO III - DINHEIRO, BANCOS E CRÉDITO

seus críticos e admiradores ao transfigurar incessantemente o "modo de ser" do dinheiro em seu "modo de aparecer" ao longo dos ciclos de negócios, crises e tropeções. As diferenças no *modo de aparecer* devem ser compreendidas a partir da unidade contraditória das funções da moeda em seu *modo de ser*.

Os processos de inflação elevada e deflação pronunciada revelam as mudanças de posição nas funções do dinheiro. No livro *Depois da Queda* escrito em parceria com Julio Gomes de Almeida, observamos que, nas clássicas recessões acompanhadas de deflação, a dúvida recai sobre o valor dos ativos reais (e dos bens cuja produção facilitam), razão pela qual a função de reserva de valor da moeda absorve as demais, rompendo-se, por conseguinte, o circuito no qual o dinheiro é intermediário da troca. A crise aparece diretamente como "crise monetária" ou "crise do crédito" porque a criação de moeda bancária é rapidamente paralisada. A moeda passa a representar a riqueza de forma absoluta, e a demanda por saldos inativos domina os determinantes de sua posse.

Nos processos inflacionários agudos, é a função de meio de circulação que absorve as demais; outro ativo passa a servir de padrão de preços (e contratos) e de reserva de valor. A dúvida, neste caso, atinge diretamente a moeda enquanto padrão adequado de referência de preços, contratos e avaliação da riqueza. A "desmonetização" é a contrapartida da fuga do dinheiro, já que os agentes privados não mais veem nele um ativo dotado da propriedade de representar um valor pela sua simples posse. No limite, a demanda de moeda inativa (os motivos precaução e especulação da tríade keynesiana) baixa a zero, o que significa a destituição do dinheiro do rol dos ativos e a incapacidade total de gestão monetária e regulação da taxa de juros pelo Estado.

Duas consequências nascem desta situação que corresponde à hiperinflação: primeiramente, a função de unidade de conta exercida pela moeda legal vai se tornando cada vez mais limitada a mercados e a um público de menor informação e baixa capacidade de passar adiante a moeda em franca desvalorização; segundo, o sistema de preços dos ativos se dissolve porque o ativo que servia às avaliações da riqueza privada desaparece. A substituição por outro ativo, como uma moeda estrangeira forte, corresponde à busca desesperada de proteção e de referência para a riqueza (as limitações da soberania monetária serão tratadas mais adiante).

Os bancos apresentam-se como os agentes particulares do senhor da riqueza universal. Universal, porque a forma inescapável é que deve denominar e mediar todas as negociações, transações e, sobretudo, marcar o valor da riqueza registrada nos balanços.

Não só as mercadorias têm de receber o carimbo monetário, mas também a situação patrimonial – devedora ou credora das empresas, bancos e demais instituições – deve estar registrada nos balanços. Os agentes privados do senhor da moeda estão permanentemente obrigados a manejar os riscos de crédito e de liquidez que afetam seu patrimônio líquido, a relação crucial entre ativos e passivos.

Em cada momento podemos conceber a economia como uma estrutura de ativos resultantes das decisões de gastos passados aos quais estão se agregando os resultados das decisões presentes quanto à posse de ativos de capital e à forma de financiá-los.

Os títulos de riqueza são emitidos primariamente pelas empresas não-financeiras de boa reputação e aceitos pelas instituições financeiras bancárias e não bancárias que também emitem certificados de depósito, *commercial papers* e ações. Esses valores são negociados em mercados ditos secundários, nos quais se formam os preços e as taxas de remuneração dos papéis. No núcleo duro desse processo de formação de preços e rendimentos está o demônio da liquidez.

Para ser conciso, qualquer ativo de riqueza, como, por exemplo, uma fábrica ou uma plataforma de entrega de comida, é avaliado pela geração potencial de valor monetário de suas traquitanas físicas, materiais e tecnológicas. Assim também, e não por acaso, os valores que circulam nos mercados financeiros estão permanentemente avaliados nos mercados secundários e permanentemente ameaçados pela dimensão perversa que habita a alma do demônio monetário –, sempre pronto a infernizar os que não conseguem assegurar, diante dos demais, a valorização monetária de seus ativos.

CAPÍTULO IV
A MACROECONOMIA DO DINHEIRO E DO CRÉDITO

Entre as trapalhadas do pensamento econômico, salienta-se a definição da macroeconomia como "a economia dos agregados". Nessa visão apologética, a "agregação" dos comportamentos individuais racionais leva necessariamente ao equilíbrio do conjunto da economia, o que torna nocivas as intervenções dos governos. Não por acaso, os economistas da corrente principal se empenham com denodo na descoberta dos fundamentos microeconômicos da macroeconomia, assim como os alquimistas buscavam a pedra filosofal.

Essa proeza intelectual pretende convencer os incautos de que o movimento do "macro" é resultado da agregação das decisões no âmbito "micro". O Todo resulta da soma das partes. Esse vício metodológico contamina o conjunto das teorias ditas neoclássicas. Essa forma de tratamento da macroeconomia se contrapõe à visão que aborda a macroeconomia como um *sistema de relações* no qual o comportamento dos agentes individuais está submetido ao movimento do Todo.

O filósofo conservador David Gordon invocou Hegel para argumentar que

> Tudo o que existe está ligado a uma *unidade totalizadora*. Mais exatamente, se duas substâncias estabelecem uma relação,

nenhuma delas seria a mesma substância se a relação fosse alterada. Uma relação gera uma propriedade relacional que faz parte da essência de seu portador.

No prefácio de O *Capital*, Marx adverte:

> Para evitar possíveis mal-entendidos, uma palavra... Aqui os indivíduos são tratados apenas como personificações das categorias econômicas, incorporações de determinadas *relações de classe e interesses de classe*, o que não impede que (esses indivíduos) se alcem subjetivamente acima dessa condição. Meu ponto de vista apoia-se na formação econômica da sociedade, vista como um processo de história natural.

Keynes, o John Maynard, dedicou-se ao estudo das relações complexas entre Estrutura e Ação, entre os papéis sociais e sua execução pelos indivíduos engalanados nos ouropéis da liberdade e racionalidade, mas, de fato, enredados nas camisas-de-força da acumulação monetária. Keynes, na esteira de Freud, introduziu as configurações subjetivas produzidas pelas interações entre as formas sociais e seus indivíduos. Estão implícitos os processos de individuação mediados pelo objetivo da acumulação de riqueza monetária.

Keynes concebe a organização da sociedade como uma teia de relações hierarquizadas entre proprietários capitalistas e trabalhadores.

> Se a firma decide empregar trabalhadores para usar o equipamento de capital e gerar um produto, ela deve ter suficiente comando sobre o dinheiro para pagar os salários e as matérias-primas que adquire de outras firmas durante o período de produção, até o momento em que o produto seja convenientemente vendido por dinheiro.

Depois de navegar nas águas da ortodoxia, Keynes formulou o princípio da demanda efetiva a partir da visão da economia capitalista como um sistema de relações. Nesse sistema de relações, estão involucradas posições de poder que sustentam capacidades de decisão desiguais entre os protagonistas do jogo do mercado. Essas relações de poder são exercidas sob a vigilância do verdadeiro Grande Irmão,

CAPÍTULO IV – A MACROECONOMIA DO DINHEIRO E DO CRÉDITO

o Dinheiro. Nos sucessivos devaneios de suas contradições, o Grande Irmão enleva e castiga os desejos e ambições de seus servidores e serviçais.

Assim, Keynes escreve nos manuscritos preparatórios da "Teoria Geral" de 1933 que a economia monetária da produção funciona segundo o circuito "macro" do dinheiro-mercadoria-dinheiro (D-M-D'), "a profícua descoberta de Karl Marx". Ele utiliza Marx com o propósito de afirmar o caráter "originário" das decisões de gasto monetário do *conjunto da classe capitalista,* num triplo sentido: 1) a propriedade das empresas e *o acesso ao crédito* conferem a essa classe social a faculdade de gastar acima de sua renda (lucros) corrente; 2) as decisões de gasto na produção corrente e na formação de nova capacidade (investimento) criam o espaço de valor (a renda nominal da economia como um todo) mediante o pagamento dos salários e geração de lucros sob a forma monetária e 3) A "criação" da renda e do lucro gera os fluxos de consumo e de poupanças. Estas últimas encarnam-se em reinvindicações genéricas à riqueza e à renda futura – a massa de ativos financeiros formados pelo rastro de dívidas e pelos direitos de propriedade, ambos avaliados diariamente em mercados organizados.

Keynes sustenta que o nível de renda e emprego da economia como um todo é determinado pelas decisões de gastos das empresas, dos consumidores e dos governos. A esses protagonistas nacionais poderíamos juntar as empresas e os consumidores estrangeiros.

Os proprietários das empresas e seus provedores de dinheiro, os bancos, estão na cúspide do processo decisório. Dado o estoque de equipamento que possuem e o *acesso ao crédito*, as decisões são tomadas com base em avaliações efetuadas pelos empresários a respeito das quantidades que antecipam vender a um determinado preço que remunere os fatores de produção empregados e proporcionem lucro. São decisões coletivas tomadas a partir de critérios privados por uma categoria social que detém a propriedade das empresas e o controle do dinheiro e do crédito.

Para explicitar as peculiaridades das decisões privadas de uma *categoria social,* no capítulo XII da Teoria Geral, *Expectativas de Longo Prazo,*

Keynes se vale dos concursos de beleza promovidos pelos jornais para descrever a formação de convenções nos mercados de ativos. Os leitores são instados a escolher os seis rostos mais bonitos entre uma centena de fotografias. O prêmio será entregue àquela cuja escolha esteja mais próxima da média das opiniões. Não se trata, portanto, de apontar o rosto mais bonito na opinião de cada um dos participantes, mas, sim, de escolher o rosto que mais se aproxima da opinião média dos participantes do torneio.

Contemporaneamente a Keynes, o economista polonês Michael Kalecki valeu-se dos esquemas de reprodução de Marx para formular o princípio da demanda efetiva. Kalecki investiga as condições de reprodução da economia composta de três macro-departamentos: bens de consumo dos trabalhadores, bens de produção e bens de consumo dos capitalistas.

Ao utilizar os esquemas de reprodução, Kalecki procura mostrar que o princípio da demanda efetiva já está posto no volume 2 de *O Capital*. Aí Marx distingue as condições de produção do valor das condições de sua realização. As primeiras dependem da capacidade produtiva da sociedade, as segundas decorrem da disposição dos capitalistas de renovar o circuito de valorização do capital-dinheiro, D-M-D'.

É preciso esclarecer que a distinção entre essas duas instâncias não significa que o valor é criado e depois realizado. Se não há gasto (realização), não há criação de valor. Aqui temos um exemplo do método dialético que organiza a construção de *O Capital*. Criação e realização são instâncias teóricas, sucessivas na construção das formas que organizam a *estrutura* das relações capitalistas, mas concomitantes em sua articulação no *processo* de acumulação de capital.

Assim, ao comentar a equação: "lucros brutos = investimento bruto + consumo dos capitalistas", Michel Kalecki se pergunta sobre o seu significado:

> Significa ela, por acaso, que os lucros, em um dado período, determinam o consumo e o investimento dos capitalistas, ou o inverso, disso?

CAPÍTULO IV – A MACROECONOMIA DO DINHEIRO E DO CRÉDITO

A resposta a essa questão depende de se determinar qual desses itens está sujeito diretamente às decisões dos capitalistas. Fica claro, pois, que os capitalistas podem decidir consumir e investir mais em um dado período, do que no precedente. Mas eles não podem decidir ganhar mais. São, portanto, suas decisões de investimento e consumo que determinam os lucros e não vice-versa".

Para examinar o processo de gasto gerador da renda e dos lucros, consideremos que, em um determinado momento, há um conjunto de empresas que está realizando o gasto de investimento depois de ter aprovada a sua demanda de crédito. Esse conjunto de empresas está realizando um "déficit" financiado pelos bancos na esperança de capturar um superávit.

Ao mesmo tempo, outro conjunto está colhendo os resultados desses "déficits" sob a forma de um *cash-flow* que enseja a realização de um superávit, lucro corrente. A obtenção desse superávit corrente permite simultaneamente: a) servir às dívidas contraídas para o financiamento dos ativos formados no passado e b) acumular fundos líquidos dos quais se nutre o sistema financeiro, enquanto gestor dos estoques de ativos de dívida e de direitos de propriedade.

A hipótese da demanda efetiva também ensina que redução do investimento pode significar para uma empresa cautelosa a redução do próprio endividamento, mas a retração do investimento de *todas as empresas* vai dificultar o serviço da dívida passada para o conjunto da economia. Ou seja, se o conjunto das empresas decide diminuir seu "déficit", o resultado será o agravamento da situação patrimonial do coletivo empresarial, diante da rigidez dos custos financeiros relativos à dívida contratada no passado.

Aqui cabe considerar o comportamento das famílias assalariadas. A financeirização das últimas décadas aumentou significativamente a possibilidade de endividamento por parte de grupos importantes de consumidores. A maior "alavancagem" dos gastos de consumo das famílias é permitida pela percepção dos consumidores (e dos bancos) de que sua riqueza aumentou por conta da capitalização acelerada dos ativos financeiros e, sobretudo, imobiliários. Esse "efeito riqueza" não se realiza mediante uma venda dos ativos para a conversão do resultado monetário em consumo, senão mediante uma ampliação da demanda de crédito por parte dos consumidores "enriquecidos".

As análises de Keynes e de Kalecki podem ser aplicadas às decisões de gasto do governo: as autoridades podem decidir gastar mais ou menos, mas não podem determinar o resultado fiscal. Déficits ou superávits vão depender da resposta do setor privado ao estímulo do gasto público. Se o governo corta o gasto em uma conjuntura de desendividamento do setor privado – empresas e famílias –, a queda da renda "agregada" vai inexoravelmente levar a uma trajetória perversa dos déficits e das dívidas públicas e privadas, com efeitos indesejáveis sobre os bancos financiadores.

O investimento não pressupõe a poupança para financiá-lo, mesmo porque esta não poderia existir sem a renda e o próprio investimento, função cumprida pelo crédito se aquele que decide investir não dispõe de riqueza líquida mobilizável para este fim.

No cotidiano da vida privada, afortunados com renda superior ao suficiente para suprir suas necessidades básicas podem escolher o que fazer com excedente: consumir mais ou poupar.

Tomemos como exemplo pedestre um cidadão com uma renda anual de R$ 100 mil, que despende R$ 80 mil com consumo e poupa e investe R$ 20 mil. Desconfiado de que a previdência social não será capaz de lhe assegurar uma boa velhice, nosso protagonista decide ampliar seus investimentos, elevando sua poupança para R$ 30 mil ao ano. Como sua renda total não foi alterada, tal façanha só é alcançável reduzindo o dispêndio anual com consumo para R$ 70 mil.

Agora passemos para um país com um PIB de R$ 100 bilhões. Para facilitar a comparação com o cidadão, as contas nacionais serão consideradas sem governo ou relações com exterior. A renda do país também se divide em R$ 80 bilhões com consumo e R$ 20 bilhões com poupança e investimento. Seguindo a lógica do orçamento familiar, para ampliar os investimentos da nação em 50%, será necessário um esforço

CAPÍTULO IV - A MACROECONOMIA DO DINHEIRO E DO CRÉDITO

para reduzir o consumo coletivo em R$ 10 bilhões. A partir do ponto de vista da gestão do orçamento individual, tal lógica parece irrefutável.

Abandonemos agora o ponto de vista de quem despende sua renda com consumo e passemos a dos ofertantes de bens e serviços. Com a depressão no consumo agregado em R$ 10 bilhões, as vendas e receitas sofrem queda de 12,5%. Não é razoável supor que credores irão emprestar e empregadores irão investir e ampliar sua capacidade de oferta, contratando pessoas, máquinas e equipamentos enquanto percebem uma redução na demanda por seus bens e serviços.

Na realidade, as empresas passam a cortar custos, demitindo alguns de seus colaboradores e reduzindo a demanda com seus fornecedores. Assim é diminuída também a renda daqueles que foram demitidos e dos fornecedores que, na condição de empresários, tendem a reproduzir o mesmo movimento, retroalimentando a espiral negativa de contração da economia.

É irreal supor estimular a produção e o emprego por meio da abstinência coletiva do consumo.

O princípio da demanda efetiva sustenta que o nível de renda e emprego da comunidade é determinado pelas decisões de gastos de quem detém capital, tomadas a partir de avaliações efetuadas isoladamente sobre as quantidades que esperam vender a um determinado preço.

O conjunto das decisões de gasto determina em cada momento qual será o nível de renda da comunidade. Portanto, o que os empresários estão decidindo gastar agora na produção de bens de consumo e bens de investimento (bens de capital) determinará a renda da comunidade. É nesse sentido que se registra a afirmação de Kalecki "os trabalhadores gastam o que ganham e os capitalistas ganham o que gastam".

Se o produto macroeconômico resulta da decisão de investir e emprestar, o crescimento dependerá da decisão de gasto acima da renda corrente dos que detém tal poder. A aceleração da taxa de investimento que induz o crescimento é um fenômeno de desequilíbrio entre a decisão de gasto presente e a capacidade de financiamento. Ou seja, da defasagem derivada do fato de o montante que se deseja investir ser superior à capacidade disponível oriunda exclusivamente dos lucros correntes, fomentada pela expectativa de realização futura.

A condição, então, para o crescimento da economia capitalista é que os capitalistas estejam, em seu conjunto, permanentemente em "déficit corrente" para gerar os lucros de amanhã. Assim, o endividamento é um fenômeno inerente à acumulação capitalista.

O financiamento do investimento requer que a economia disponha de instituições e mecanismos que acomodem as mudanças patrimoniais provenientes dessas decisões. Independentemente da fonte de financiamento, a economia como um todo se torna menos líquida quando o investimento é decidido. Se a origem dos fundos são os recursos próprios da acumulação interna das empresas aplicados em depósitos bancários, as instituições financeiras custodiantes destes valores são obrigadas a ceder liquidez. Caso sejam recursos simplesmente mantidos em caixa pelas empresas, são estas que diretamente sedem a si próprias a liquidez. Se a fonte é um crédito, enquanto acesso a recurso de terceiros, seja no mercado de capitais ou bancos, estes aceitam ceder liquidez em troca de um ativo (um título de dívida).

Esse "motivo" de maior demanda por liquidez, Keynes denominou motivo *finance*, e supôs que o financiamento é suprido pelos bancos, o que não requer a formação de poupança prévia ou *ex ante*, mas, sim, criação de crédito. Neste caso demanda por liquidez é o mesmo que demanda por empréstimos bancários. Os bancos são então, por excelência, os que podem responder à demanda por *finance*, embora não sejam os únicos que possam fazê-lo.

Um exemplo pedestre pode demonstrar como a ampliação da oferta de moeda se dá endogenamente pelo funcionamento cotidiano do sistema financeiro.

De início, considere a compra de um certificado de depósito bancário (CDB), títulos remunerados com juros, emitidos pelos bancos para captar dinheiro do público e proporcionar fundos para operações de crédito.

CAPÍTULO IV - A MACROECONOMIA DO DINHEIRO E DO CRÉDITO

Ao captar esse recurso e destiná-lo na forma de empréstimo, o banco oferta liquidez e poder de compra para quem deseja, por exemplo, empreender e investir em um restaurante. Passa a existir na economia um novo ativo, patrimônio do recém-proprietário do restaurante, que pagará sua dívida com o banco a partir da receita auferida por esse novo negócio.

Esse novo ativo, que agora constitui o patrimônio do proprietário do restaurante, foi financiado com os recursos do investidor que adquiriu o CDB, mas sem reduzir o patrimônio deste último. Apesar da troca do dinheiro pelo CDB representar a migração para um ativo de menor liquidez, a operação não representa redução no patrimônio do investidor, que permanece em posse de um ativo financeiro relativamente menos líquido que o dinheiro, mas (justamente por esta razão) remunerado com juros.

Agora, por meio de uma operação de crédito, o valor que inicialmente existia enquanto riqueza na forma de dinheiro, integra simultaneamente o patrimônio do detentor do CDB e do proprietário do restaurante. Esse valor poderá se converter em bens, serviços, salários e outros ativos, a depender das múltiplas vezes que sua expressão enquanto moeda circular.

Nesse período, o banco permanece com uma dívida frente ao proprietário do CDB e um crédito com o dono do restaurante. O banco será remunerado ao cobrar do segundo uma taxa de juros superior à que pagará ao primeiro.

A diferença entre essas duas taxas de juros denuncia que o banco, ao conceder o empréstimo, não apenas realocou recursos da poupança de um indivíduo para o investimento de outro, mas criou um poder aquisitivo adicional na economia. As instituições financeiras desempenham o papel de metabolizar a liquidez para o sistema econômico.

Quem adquire o CDB corre o risco do banco, enquanto o banco corre o risco do restaurante e seu proprietário. Ainda que os fundos para o empréstimo tenham origem na venda do CDB, caso o banco não consiga recuperar o recurso emprestado, por um fracasso do restaurante, ele terá de honrar sua dívida com quem adquiriu o CDB, respondendo inclusive com seu patrimônio por esse passivo.

Realizando uma série de abstrações empobrecedoras, desconsiderando as particularidades do balanço de cada instituição financeira e de regulação regional, o Banco de Compensações Internacionais (BIS), organização internacional responsável pela supervisão bancária, estabelece que os valores concedidos como crédito comprometem o patrimônio do banco numa razão de 8%.

Isso significa que o banco pode assumir até R$ 1 de exposição a risco de crédito para cada R$ 0,08 de seu patrimônio de referência. Em outros termos, desconsiderando outras exposições que possam comprometer capital, um banco com patrimônio de R$ 100 milhões pode assumir em seu balanço a exposição a crédito no valor de até R$ 1,250 bilhões.

A alavancagem financeira consiste em criar poder aquisitivo adicional sobre uma riqueza existente. Cria um desequilíbrio, um buraco no sistema que só será estabilizado pela confirmação das diversas apostas de quem renunciou temporariamente a forma líquida da riqueza ou colocou a risco seu patrimônio, acreditando na possibilidade de sua valorização.

A renúncia à liquidez é uma ponte entre a riqueza velha e a geração de riqueza nova, apoiada na crença no outro, na confiança mútua. É um salto de fé no futuro desconhecido, sustentada por uma sucessão de apostas interdependentes.

O comprador do CDB dá crédito ao banco, no sentido de acreditar que o banco terá capacidade de retornar seus recursos devidamente remunerado pelos juros. O banco concede crédito ao dono do restaurante, por acreditar na viabilidade do restaurante e gestão do proprietário. O dono do restaurante ao investir está apostando no consumo da comunidade em seu estabelecimento.

Essa compreensão não é trivial, pois além da própria multiplicação da riqueza lastreada no mesmo recurso que representa apenas fração dela, a ampliação do poder de compra e da liquidez depende, contraintuitivamente, do desejo daqueles que a controlam em despendê-la.

Ainda durante o próprio processo de dispêndio, antes das diversas apostas de credores e investidores se revelarem bem-sucedidas, já ocorre um impacto positivo na renda e na estrutura da riqueza, decorrente do aumento do poder aquisitivo de diversos agentes, fruto da socialização da riqueza, e, por outro lado, uma restrição na liquidez pela metamorfose da riqueza líquida em outras formas de ativos.

Há um impacto óbvio decorrente dos salários e despesas pagas pelo dono do restaurante. O que é gasto na ótica do proprietário, vira receita e renda para empregados e fornecedores, que também terão seu poder aquisitivo ampliado.

No atual estágio de desenvolvimento do sistema financeiro, as expectativas de ganho com juros dos credores são gradativamente contabilizadas nos títulos que registram o empréstimo, mesmo antes da sua quitação total ou parcial. Seja pela marcação do preço dos títulos de dívida que são negociados no mercado, trocando de mãos após sua emissão (mercado secundário), ou pela capitalização dos juros. Essas oscilações do valor do título de dívida provocam efeitos patrimoniais e na riqueza de seus detentores.

Os salários e despesas pagos pelo dono do restaurante e os juros percebidos pelo banco e investidor no CDB causam impacto na riqueza agregada.

No momento em que se concretiza a decisão de investir, essa demanda por liquidez pode concorrer para elevar a taxa de juros, dependendo da disposição dos possuidores de riqueza (entre eles, destacadamente, os bancos) em se tornarem menos líquidos (cederem liquidez e criarem crédito).

Esta influência na taxa de juros pelo motivo *finance* é limitada pelo fato de que os fundos avançados pelo sistema bancário para este fim são repostos tão logo a decisão do gasto é concretizada. A liquidez momentânea é superada, em termos macroeconômicos, a partir da corrente de gastos monetários que o investimento desencadeia ao ordenar a produção dos bens que formarão o novo capital real. Esse fluxo monetário reaparece no sistema bancário sob a forma de novos depósitos, de forma que o motivo *finance* passa a ser neutro em seu possível efeito sobre a taxa de juros. Isto decorre pelo fato de o avanço bancário que abastece a demanda por liquidez pelo motivo *finance* ser um fundo rotativo.

Há um outro lado da questão do financiamento que a discussão em torno do motivo *finance* não contempla. O processo que recompõe o fundo rotativo e repõe a liquidez momentaneamente contraída é o de produção e de geração da renda. A recomposição é estabelecida no nível macroeconômico, no sentido de que os fundos avançados pelos bancos a eles retornam. Isto não significa que os devedores originais tenham liquidado suas dívidas, o que só pode ser feito pelas empresas a partir da apropriação da renda gerada sob a forma de lucro.

O problema decisivo está na adequação das fontes de financiamento às características do novo capital real a ser constituído. Essas características são variadas, em termos de risco, retorno esperado e prazo de maturação, o que exige uma variedade correspondente de formas de financiamento, seja por meio de crédito intermediado pelos bancos ou pelo mercado de capitais.

As instituições financeiras não desempenham um papel cartorial, de realocação de recursos que simplesmente trocam de mãos em um jogo de soma zero entre investidores e poupadores. Pessoas enriquecem, empresas lucram, cresce o produto interno bruto e a renda de toda a sociedade.

A multiplicação do valor só é possível pela disposição do investidor em renunciar temporariamente do seu dinheiro em busca de juros remunerados pelo banco, somada à disposição do banco em emprestar e do empreendedor em contrair uma dívida para abrir seu restaurante.

Será então, como afirmou Keynes, a propensão a poupar do público, entendida a poupança não como formação de novo capital real ou financiadora dos investimentos, mas como desejo por riqueza abstrata e preferência pela liquidez, que definirá o limite que a renda e o emprego podem alcançar.

Este é o fundamento do multiplicador, uma parcela da renda que vai sendo gerada sai do fluxo de bens e incorpora-se ao estoque de riqueza, dependendo da propensão a consumir (poupar). Coexistem neste processo um efeito renda e um efeito patrimonial. O efeito renda tem a ver com a variação na renda agregada, determinada pela variação no dispêndio com a aquisição de bens; o efeito patrimonial decorre da decisão de poupar ou não dos agentes que, deixando de consumir uma parte da sua renda monetária, se habilitam a possuir uma riqueza velha ou nova.

A complexidade reside no fato desta mudança patrimonial associada ao ato de poupar nem sempre se dar de forma a gerar a melhor renda e emprego para a sociedade. Dado que o sentido da produção social em uma economia capitalista é a acumulação de riqueza monetária, o dinheiro funciona como estímulo e como obstáculo, pois os capitalistas podem preferir se refugiar na riqueza já acumulada, evitando o risco da iliquidez.

Bancos e empresas podem considerar que, frente à incerteza que eles têm diante de si, é preferível se refugiar na liquidez, contraindo assim gastos, gerando desemprego e desocupação da capacidade instalada.

O investidor de nosso exemplo poderia preferir permanecer com seus recursos em dinheiro, na forma mais líquida da riqueza e do valor, como precaução às incertezas guardadas pelo futuro (ou mesmo uma certeza sombria), e não adquirir o CDB, reduzindo a disponibilidade de fundos para o Banco.

O empreendedor poderia não demandar o empréstimo junto ao Banco, cético da viabilidade do restaurante em um cenário adverso, pois a demanda não seria suficiente para gerar receita e pagar a dívida.

Ao cessar ou restringir a concessão de crédito, se interrompe a geração endógena de moeda enquanto meio de pagamento e poder aquisitivo. Passa a falhar o metabolismo vital para o funcionamento do sistema.

Os receios quanto as perspectivas econômicas fazem crescer o desejo por riqueza abstrata, na sua forma mais líquida e, portanto, conservadora de maior potência e conversibilidade. A elevação na preferência pela liquidez decorre das suspeitas de que ativos menos líquidos se revelem ilíquidos com a deterioração da economia. Liquidez significa conservar a possibilidade de se converter em dinheiro, em suas diversas gradações.

O processo de expansão da riqueza em seus diversos estágios assume formas menos líquidas, socialmente aceitas pela crença de que ao final serão conversíveis na sua forma universal, a moeda sancionada pelo Estado. A riqueza socializada reclama a presença de um ente público capaz de garantir, em última instância, as condições monetárias adequadas à reprodução da riqueza.

Em cenários de elevação na preferência pela liquidez, as autoridades monetárias recorrem aos instrumentos que possuem para ampliá-la. Buscam atender a demanda por dinheiro e, simultaneamente, sancionar com sua moeda os diversos ativos financeiros suspeitos de se tornarem ilíquidos.

Nas economias de hoje, a moeda está fundada no fenômeno coletivo e social da confiança. A confiança de cada indivíduo na moeda repousa na disposição dos outros também a aceitarem como reserva de valor, meio de troca e unidade de medida de valor dos bens e serviços, dos contratos e da riqueza. Por isso é chamada de moeda fiduciária.

Os bancos e demais instituições financeiras são provedores da infraestrutura que abastece os mercados monetários, na medida em que definem as normas de acesso à liquidez, ao crédito e administram o sistema de pagamentos.

Tais normas determinam as condições de produção e de concorrência das empresas. Os bancos cuidam de administrar o estado da liquidez e do crédito, de acordo com a confiança sobre o futuro da economia e a possibilidade das empresas e governos de controlarem seus balanços. São gestores público-privados da forma geral da riqueza, o dinheiro.

CAPÍTULO IV – A MACROECONOMIA DO DINHEIRO E DO CRÉDITO

Por isso, num regime de moeda fiduciária, a prerrogativa de criação de moeda pelos bancos privados está subordinada às regras impostas pelas autoridades reguladoras. As exigências de garantias decorrem do duplo caráter dos bancos na economia: 1) empresas privadas que visam maximizar sua rentabilidade em um ambiente concorrencial e 2) instituições responsáveis pela gestão da moeda e do sistema de pagamentos.

O Banco Central assume a função de coordenador das expectativas privadas que governam essas decisões sobre a moeda, a liquidez e a riqueza. Essa é a mediação esperada das autoridades monetárias, não permitir níveis de alavancagem temerários à estabilidade do sistema financeiro, mas inibir a elevação da preferência da liquidez em patamares que limitem os negócios e o crescimento da economia.

Essa arquitetura torna ineficaz o manejo da política monetária pelo simples controle quantitativo dos agregados monetários. Por serem endógenos, seu controle assume um caráter indicativo. Nessas circunstâncias, os bancos centrais tendem a controlar a taxa de juros, ao invés de estabelecer metas monetárias, para restringir ou ampliar a liquidez, bem como a demanda por moeda.

O sistema bancário, incluído o Banco Central, assume o papel de administrar simultaneamente os dois riscos inerentes à economia monetária, o de liquidez e o de pagamento. Deve respeitar as regras "convencionadas" que o obrigam a funcionar como redutor de riscos e de incerteza. São gestores dos limites impostos aos produtores e detentores de riqueza no processo concorrencial em busca da sua acumulação na forma universal (moeda).

O estoque de riqueza existente, recursos que foram poupados como no caso do investidor do CDB ou outras formas de ativos como imóveis, por exemplo, pode constituir garantias ou base para a alavancagem de empréstimo, mas investir é a decisão crucial.

Investir consiste em abandonar a segurança da riqueza velha, na forma líquida, para apostar no futuro. Aceitar formas menos líquidas da riqueza na esperança da sua valorização e reconversão na forma universal do valor.

Em momentos de grande otimismo, a tolerância e apetite ao risco cresce, inflados pelas convicções de que tudo dará certo. Quanto maior a camada de ativos, com diferentes graus de liquidez, e os valores alavancados sobre uma mesma base de riqueza, na expectativa de sua valorização, mais instabilidade e risco se insere no sistema.

Como explicado por Hyman Minsky, a forma como o investimento é financiado faz diferença. A alavancagem usando fundos externos aumenta os lucros enquanto as coisas correm bem. Isto incentiva uma maior alavancagem, e as margens de segurança são reduzidas juntamente com a diminuição da liquidez. As relações financeiras vão se tornando mais complexas, conforme mais camadas de dívida são interpostas entre a geração da renda e o recebimento da renda. Se um devedor não pagar, isso poderá resultar em uma bola de neve de calotes, uma vez que cada credor é também um devedor para alguns outros credores, e assim sucessivamente por uma longa cadeia de compromissos.

Os ganhos de produtividade decorrentes da inserção da Ásia (especialmente China, Coréia do Sul e periferia) no mercado global, somados às mudanças estruturais no mercado de trabalho que comprimiram significativamente o custo de mão de obra, combinados à necessidade de políticas visando a defesa do valor dos ativos financeiros, permitiram e engendraram um longo período de taxas de juros excepcionalmente baixas e abundante liquidez em escala global.

Com os juros pagos por ativos mais líquidos como títulos públicos gravitando em torno de zero, os detentores de riqueza que desejam algum prêmio precisam correr mais risco.

Nesse cenário, o mercado de capitais e a indústria de fundos apresentam participação crescente, tendo desempenhado papel central na crise de 2008 e ampliando significativamente a complexidade regulatória para as autoridades monetárias.

Mesmo no mercado brasileiro, onde as taxas de juros não alcançaram o *zero lower bound,* quando a taxa de juros nominal de curto prazo é igual ou próxima a zero, é possível observar expressivas transformações.

CAPÍTULO IV - A MACROECONOMIA DO DINHEIRO E DO CRÉDITO

Conforme dados da ANBIMA, em dezembro de 2006 o PL (patrimônio líquido) da indústria de fundos nacional somava R$ 939,6 bilhões, equivalente a menos de 40% do PIB no período. Em setembro de 2020, esse número alcançou R$ 5,761 trilhões, valor superior a 80% do PIB.

Saímos de 700 mil CPFs na Bolsa em 2018 para aproximadamente 2 milhões em 2020, equivalente em patrimônio a uma evolução de R$ 200 bilhões (2018) para R$ 350 bilhões (2020). Ao mesmo tempo em que a participação da posição das pessoas físicas cresceu 27% no total do mercado, o saldo médio caiu 58%. Se tomarmos o mês de março de 2020, dos 223 mil novos investidores, 30% fez seu primeiro investimento com apenas R$ 500 reais (dados da B3).

Em grande medida, essa evolução pode ser explicada pela relação simbiótica entre desenvolvimento tecnológico e expansão da liquidez. O desenvolvimento das possibilidades de acesso remoto e virtual, pelo avanço nas redes de comunicação, transmissão de dados e dispositivos eletrônicos, reduziu significativamente os custos operacionais para as instituições financeiras. Passa a ser possível o acesso a clientes com menos custos relacionados à presença física (agências) e funcionários, proporcionando maior escalabilidade pelo autoatendimento, padronizado e automatizado.

Este movimento, ao mesmo tempo, reduziu os custos de entrada para novas empresas, especialmente corretoras digitais, que nascem com um custo operacional inferior, pelos benefícios das novas tecnologias, menor custo de observância e regulatório por não serem bancos e mão de obra disponível no mercado, resultante do fechamento de agências pelos bancos comerciais, passível de ser contratada na condição de autônomo, em função das flexibilizações estruturais em curso no mercado de trabalho.

Este é um padrão de arranjo operacional adotado por empresas que se destacaram em diversos setores nos últimos anos. Plataformas digitais que na verdade desempenham o papel de supermercados virtuais, onde o produtor é financeiramente responsável pelos meios necessários para ofertar o bem ou serviço como, por exemplo, um automóvel, restaurante ou horas da sua força trabalho; e o consumidor fica financeiramente responsável pela infraestrutura necessária para a operacionalidade da plataforma, seja um computador ou celular.

O nome do jogo envolve conseguir inserir a empresa em uma trajetória dependente, a ponto de conquistar força gravitacional para que aquele mercado se organize em torno dela. Uma estratégia que envolve diversas rodadas de captação e doses cavalares de queima de caixa para conquistar o máximo possível de clientes (verdadeiro ativo dessas empresas), buscando ganhar poder de mercado, na condição de oligopolista ou monopolista, arbitrando consumidores e fornecedores atomisticamente pulverizados.

A disponibilidade de recursos para investir em empresas sem perspectivas de distribuir dividendos por um longo período, está diretamente relacionada à abundante oferta de liquidez e às novas estratégias de valorização da riqueza, seja na forma de capital próprio (*equity*) ou dívida (*bonds*).

A precificação do ativo está diretamente relacionada às expectativas do fluxo de dinheiro diferido no tempo que se terá acesso a partir da sua aquisição, seja esse fluxo formado por dividendos, juros, valorização no momento da venda ou amortização. A taxa de juros determina a composição da taxa de desconto de praticamente todos os ativos da economia. Quanto menor a taxa de desconto aplicada sobre um fluxo de recebíveis, maior o valor presente do ativo.

> A relação entre a renda esperada de um bem de capital e seu preço de oferta ou custo de reposição, isto é, a relação entre a renda esperada de uma unidade adicional daquele tipo de capital e seu custo de produção, dá-nos a eficiência marginal do capital desse tipo. Mais precisamente, defino a eficiência marginal do capital como sendo a taxa de desconto que tornaria o valor presente do fluxo de anuidades das rendas esperadas desse capital, durante toda a sua existência, exatamente igual ao seu preço de oferta. Isto nos dá as eficiências marginais dos diferentes tipos de bens de capital.

Pela racionalidade dos regimes de meta de inflação, a letargia da economia impõe aos bancos centrais uma flexibilização da política monetária, reduzindo juros e ampliando a liquidez, o que se reverte em uma inflação dos ativos financeiros, sem os desdobramentos desejados do ponto de vista da dinamização da economia, pela ruptura no circuito da demanda efetiva. Pelo mesmo canal, este cenário sugere às autoridades monetárias aumentarem a aposta até esgotarem o alcance da eficácia desse instrumento para promover a recuperação econômica.

Daí se compreende a desagradável dissonância entre a performance dos índices das bolsas de valores e demais ativos financeiros, comparativamente ao nível de emprego e renda. Assim se desenvolve uma nova lógica de rentismo, pela valorização do estoque de riqueza velha na forma de ativos financeiros.

Os limites ao crescimento da renda não estão associados à ausência de recursos (dinheiro) enquanto poupança. Antes o contrário, a preferência pela manutenção da riqueza abstrata, em sua forma líquida, é que restringem a oferta de moeda enquanto poder aquisitivo e demanda.

Isto quer dizer que os bancos detêm, em geral, a posição-chave na transição de uma escala inferior de atividade para uma mais elevada. Se se recusarem a um afrouxamento, o crescente congestionamento do mercado de empréstimos a curto prazo ou do mercado de novas emissões, conforme o caso, inibirá a melhora, não importa quão frugal o público se oponha a ser a partir de suas rendas futuras. Por outro lado, haverá sempre exatamente suficiente poupança *ex post* para promover o investimento *ex post* e, desse modo, liberar o financiamento que estava antes empregando. O mercado de investimento pode tornar-se congestionado por causa da falta de dinheiro, mas nunca se congestionará por falta de poupança. Esta é a mais fundamental das minhas conclusões neste texto.[11]

É preciso questionar as crenças e dogmas que interditam o debate econômico e apresentam a política econômica como algo inevitável, natural e impossível de ser submetida ao processo democrático.

---

11 A teoria *ex ante* da taxa de juros: KEYNES, John Maynard. *A teoria geral do emprego, do juros e da moeda*. São Paulo: Nova Cultural, 1996.

CAPÍTULO V
AS BENÇÃOS E MALDIÇÕES DA DÍVIDA

O credor, negociante de dinheiro, jamais gozou de boa reputação. Escreve o filósofo italiano Leo Essen em seu site *Goku* que os povos do Ocidente medieval, entre os séculos XII e XV, rejeitavam o negociante de dinheiro porque ele obtinha seu ganho hipotecando o tempo que pertence apenas a Deus.

William de Auxerre[12] diz que a usura age contra a lei natural universal, porque vende o tempo que é comum a todas as criaturas. Santo Agostinho diz que toda criatura de Deus é obrigada a se conceder um presente. O sol é obrigado a dar a si mesmo o dom para iluminar. A terra é obrigada a dar tudo o que pode produzir, como a água. Mas nada como o tempo para se dar da forma mais conforme a natureza. Quer você goste ou não, diz William de Auxerre, as coisas têm tempo. O usurário, portanto, vende o que necessariamente pertence a todas as criaturas, ele prejudica todas as criaturas em geral, até mesmo pedras. Mesmo que os homens ficassem em silêncio ante a usura, as pedras gritariam se pudessem. Esta é a razão pela qual a Igreja persegue usura. É contra eles que Deus diz: "Quando eu retomar o tempo, isto é, quando o tempo estiver em minhas mãos, a usura não pode vendê-lo, então vou julgar de acordo com a justiça".

---
12 AUXERRE, William de. *Summa aurea*, 1215 e 1220.

A despeito das considerações de Karl Marx, apresentadas acima, a maldição da dívida pública ainda assombra os gabinetes das autoridades, financistas e gente comum mundo afora. Na posteridade da crise de 2007-2008, o Primeiro-Ministro da Inglaterra, David Cameron e seus auxiliares, os "austeros" da pérfida *Albion*, equipararam o problema da dívida pública aos problemas da dívida de uma família. Se uma família acumulou dívidas demais, deve apertar os cintos. Os governos não devem fazer o mesmo?

Paul Krugman respondeu em sua coluna do New York Times: uma economia não é uma família endividada.

> Nossa dívida (privada) consiste principalmente de dinheiro que devemos uns aos outros; ainda mais importante, nossa renda provém principalmente de vender coisas uns aos outros. Seu gasto é minha renda e meu gasto é sua renda. Assim, o que acontece se todo mundo reduzir gasto simultaneamente a fim de reduzir suas dívidas? Resposta: a renda cai.

Quando se trata de cuidar do funcionamento da economia como um todo, ou seja, de questões ditas macroeconômicas, os vícios do senso comum e do individualismo metodológico levam a recomendações suicidas de política econômica, como as oferecidas por Cameron e, seu símile brasileiro, Paulo Guedes.

A crise de 2008 nos oferece a oportunidade de avaliar as relações entre a expansão imoderada do crédito privado e a lenta, mas persistente construção do chamado *risco sistêmico*. A aventura do crédito hipotecário generalizou para a massa de consumidores o "efeito-riqueza". Esse novo momento da "inflação de ativos" estava assentado em três fatores determinantes que se realimentavam: 1) a degradação dos critérios de avaliação do risco de crédito e o "aperfeiçoamento" dos métodos de captura dos devedores primários, as famílias de renda média e baixa, cuja capacidade de pagamento estava debilitada pela estagnação dos rendimentos nos últimos 30 anos; 2) o alargamento do espaço da securitização das hipotecas e outros recebíveis, mediante a criação e multiplicação de ativos lastreados nas dívidas contraídas pelas famílias e 3) a expansão do crédito apoiada na valorização dos imóveis

CAPÍTULO V - AS BENÇÃOS E MALDIÇÕES DA DÍVIDA

e destinados à aquisição de bens duráveis, passagens aéreas e até pagamento de impostos.

Em seu livro *The economics of financial turbulence*, Bill Lucarelli assinala que o efeito-riqueza promovido pelo aumento dos preços dos ativos transformou milhões de trabalhadores comuns em investidores e atuou como um poderoso mecanismo de transmissão na manutenção do poder aquisitivo dos consumidores. Em 1987, 25% das famílias dos EUA tinham participação no mercado de ações. No final da década de 1990, mais da metade de todas as famílias dos EUA possuíam ações, direta ou indiretamente através de fundos mútuos. De fato, os ativos financeiros dos fundos mútuos e de pensão cresceram quase dez vezes desde 1980, estimados em cerca de $US 20 trilhões no final da década de 1990. Na década de 1997-2007, os valores imobiliários mais do que dobraram – de cerca de $US 10 trilhões para mais de $US 20 trilhões. O passivo imobiliário aumentou ainda mais rápido nesse período – de $US 2 trilhões para mais de $US 10 trilhões. Isso representou um adicional de $US 8 trilhões gerados pelo efeito da riqueza apoiado nos ativos imobiliários das famílias americanas.

Depois do tombo dos ativos, os sobreviventes reiniciam a escalada de "realimentações positivas", agora para baixo: o colapso no preço dos ativos engendra a contração do crédito –, cortes nos gastos de investimento das empresas e de consumo das famílias. Decisões miméticas que, de forma agregada, determinarão justamente os efeitos que os modelos DSGE desejam negar.

Já assinalamos que a macroeconomia ensinada nas últimas décadas nas academias do mundo anglo-saxão não contempla a existência de dinheiro, bancos ou mercados financeiros. Nessas construções teóricas, os mercados de crédito, de avaliação da riqueza e suas poderosas instituições – o sistema nervoso que comanda o capitalismo – são guiados pela racionalidade dos "mercados eficientes". Albergados nessas estruturas, os mercados e seus agentes estão a salvo de desatar corridas para a liquidez e provocar crises financeiras. Se o dinheiro é meramente uma tecnologia utilizada pelos agentes para facilitar as operações de intercâmbio, não há corrida para a liquidez, ou seja, para o dinheiro como forma geral da riqueza. Se não há dinheiro verdadeiro, não há demanda de liquidez.

Depois da crise de 2008/2009, os sábios apressaram-se em introduzir supostos *ad hoc* para contemplar as "fricções" engendradas pelas variáveis monetárias e financeiras. O dinheiro, o crédito e os mercados financeiros, onde são negociados os estoques de riqueza, são *fricções*. As torturas infligidas aos modelos de equilíbrio com "mercados financeiros eficientes" para enfiar o dinheiro e o crédito são de dar inveja a Guantánamo e terminaram em vexames lógicos e metodológicos.

Na realidade, essa concepção da economia, digamos "de mercado", é estática e o dinheiro entra na dança apenas como unidade de conta e meio de circulação. A ausência da função reserva de valor, ou se quiserem, da forma geral da riqueza, previne todo e qualquer risco de crise financeira e monetária. A economia é movida pelas "forças reais" da abstinência e da poupança que, sem fricções, se transformam imediatamente em investimento. A trajetória apresenta suaves flutuações, mas a economia é sempre igual a ela mesma, ancorada nas expectativas racionais do agente representativo. Não há dinâmica no sentido de um movimento no tempo histórico. Assim, é possível postular uma parêmia inspirada em Woody Allen: "Se vamos fazer tudo certo, tudo vai dar certo"!

A consequência dessa empreitada não foi apenas o irrealismo descuidado, mas as sucessivas e persistentes escaramuças para esconder o funcionamento concreto das economias capitalistas: um organismo em permanente transformação ao longo da história, na efetivação de suas leis de movimento. As transformações do capitalismo se efetivam mediante a reafirmação de sua estrutura de relações. É sempre o mesmo em suas diferenças.

5.1 A hegemonia da finança

Os debates a respeito das crises monetárias e financeiras do capitalismo contemporâneo exigem, talvez, uma incursão mais ousada nas estruturas de sustentação e suas transformações.

Aqui cuidaremos mais detidamente do fenômeno conhecido como "financeirização". Desde o século XVIII, os teóricos e praticantes da moderna economia política debatem os conflitos e contradições

CAPÍTULO V - AS BENÇÃOS E MALDIÇÕES DA DÍVIDA

entre o caráter mercantil da moeda e sua autonomização, enquanto substantivação do valor diante das mercadorias particulares e dos agentes privados envolvidos no intercâmbio. A financeirização está posta como possibilidade desde a constituição da economia monetária capitalista.

Nos *Grundrisse*, Marx se ocupa das contradições que nascem da forma monetária assumida pela generalização das relações mercantis.

> A natureza particular do dinheiro evidencia-se de novo na separação dos negócios do dinheiro das relações mercantis propriamente ditas. Vemos, portanto, como é imanente ao dinheiro realizar suas finalidades à medida que simultaneamente se empenha em negá-las; se autonomizar em relação às mercadorias; de meio, devir fim; realizar o valor de troca das mercadorias ao se separar dele; facilitar a troca ao cindi-la; superar as dificuldades da troca imediata de mercadorias ao generalizá-las; autonomizar a troca em relação aos produtores na mesma medida em que os produtores devêm dependentes da troca.

A edição do jornal Valor de 4 de fevereiro de 2020 estampa um artigo de Mohamed-El-Erian, assessor econômico do grupo Allianz. O título proclama *O grande choque do coronavírus*, mas o texto vai além da epidemia viral e avalia a disseminação da pestilência financeira nas economias contemporâneas. "A diferença de muitos anos entre os altos preços dos ativos e as condições econômicas mais fracas está se tornando cada vez mais insustentável".

Nada de novo. Charles Kindleberger diz que, na crise de 1929:

> (...) à medida que o mercado de ações se movia em direção ao seu ápice, os empréstimos foram canalizados para o mercado de *call-money* (empréstimos de curto-prazo para operações na bolsa de valores) em detrimento do consumo e da produção; o volume de dinheiro para essas operações especulativas subiu de US $ 6,4 bilhões no final de dezembro de 1928 para US $ 8,5 bilhões no começo de 1929.
>
> No início de outubro desse ano fatídico, os bancos de Nova York e também os sediados em outras cidades dos EUA tornaram-se credores mais cautelosos nos empréstimos para o

mercado de ações. Quando o mercado de ações despencou, o sistema de crédito congelou de repente.

Os economistas Daniel L. Greenwald, Martin Lettau e Sydney C. Ludvigson sapecaram no *National Bureau of Economic Research* um estudo que investiga as relações entre o desempenho da bolsa de valores nos Estados Unidos e o crescimento do PIB.

Eles concluem que o mercado de ações dos EUA foi "excepcionalmente bem no pós-guerra", melhor ainda nas três últimas décadas. Durante os 29 anos transcorridos entre o início de 1989 e o final de 2017, o valor das ações das empresas não-financeiras cresceu a uma taxa anual de 6,9% ao ano. Nos 29 anos anteriores, entre o início de 1959 e o final 1988, a valorização das ações destas empresas alcançou 3,2% ao ano

> Em contraste, o valor real do que foi realmente produzido pelo setor apresenta um padrão oposto: o valor agregado real líquido das empresas não financeiras cresceu 4,4% ao ano entre o início de 1959 e o final de 1988 em comparação com apenas 2,5% ao ano período mais recente.

Os autores se incomodam com os resultados dessas tendências: um abismo cada vez maior entre o mercado de ações e a economia da produção e do emprego. A teoria econômica dos livros didáticos, dizem eles, nos ensinaram que o mercado de ações e a economia da produção e do emprego devem compartilhar uma trajetória comum. Os fatores que impulsionam o crescimento econômico dito "real" devem ser os mesmos que fomentam o aumento do valor das empresas ao longo do tempo.

"Esse princípio da teoria macroeconômica não foi corroborado pelos dados. O que, então, tem sido responsável pelo *boom* da valorização dos *ativos de capital* durante o período mais recente?".

Boa pergunta. Os autores vão trabalhar os dados para buscar uma resposta mais precisa. Advertem que os dados devem ser interpretados a partir de um modelo estrutural que permita a compreensão do fenômeno sob observação. Tentam escapar do positivismo empirista mais

CAPÍTULO V – AS BENÇÃOS E MALDIÇÕES DA DÍVIDA

tosco, sempre empenhado em demonstrar que os dados *falam*. Os dados não falam, respondem às perguntas do investigador.

> O preço das ações em nosso modelo é fixado, não pelo *agente representativo* dos modelos Dinâmicos Estocásticos de Equilíbrio Geral, mas por um *acionista representativo*, encarnado nos dados por uma família rica ou por um grande acionista institucional. Os agentes restantes, trabalhadores assalariados, não desempenham qualquer papel na precificação de ativos.

Os agentes são, portanto, heterogêneos.

Representativos ou heterogêneos, a busca de compreensão do fenômeno examinado continua percorrendo os labirintos sem saída do individualismo metodológico em detrimento da investigação da dinâmica complexa de uma estrutura de relações imanentes ao movimento da economia de mercado capitalista. Se adotado esse método que poderíamos chamar de dinâmico-estrutural, os agentes surgiriam como personificações de papéis ou funções no interior do sistema de relações em movimento.

Em todas as regiões desenvolvidas do "planeta Ocidente", esse sistema de relações desenvolveu-se em um ambiente acalentado pelo crédito elástico e barato, sob os ditames da desregulamentação financeira. Essa dupla dinâmica fomentou a concorrência entre gestores da nova riqueza e se consorciou à crença nas intervenções salvadoras dos bancos centrais, para impulsionar a sucessão de episódios de "inflação de ativos".

Nas euforias recentes, os preços dos ativos descolaram da evolução dos rendimentos observados (vide a razão preço-lucro no auge das bolsas nos anos 90 ou a relação entre aluguéis e valor dos imóveis nos EUA no auge do furor imobiliário). A confirmação das expectativas altistas torna-se, assim, o motor de valorizações ulteriores. Essa engrenagem maníaca instigou a multiplicação dos fundos de *hedge*, a superalavancagem das posições e a disseminação dos derivativos de crédito. Bancos comerciais, de investimento, administradores dos fundos de pensão, fundos mútuos, *private equities funds*, para não falar dos sofisticados fundos de *hedge*, todos consolidaram a convicção de que estavam blindados contra os riscos de mercado, de liquidez e de pagamentos.

O clima de confiança, como de hábito, disseminou o risco sistêmico que os sabichões imaginavam ter afastado. Nos últimos anos, a redução da volatilidade nos preços dos ativos e das moedas e a maior liquidez ensejaram a exasperação da alavancagem, desde os consumidores endoidecidos até os *hedge funds* escorados no crédito bancário.

Quando as ilusões se dissiparam, os comandantes das estripulias financeiras globais, outrora sobranceiros e confiantes, passaram a clamar pelo socorro dos bancos centrais. Há quem se revolte contra a socialização dos prejuízos, a doação de dinheiro público para impedir o colapso dos cobiçosos. Outros recomendam que o socorro seja prestado com a imposição de duras condições aos imprudentes para impedir a reiteração do risco moral.

Na órbita monetário-financeira, diga-se, no espaço de avaliação e circulação dos direitos à riqueza, o desenvolvimento capitalista colocou o sistema de crédito à disposição da aceleração da acumulação produtiva, mas também criou as condições para expansão autônoma do capital fictício, matriz dos episódios especulativos e das crises de crédito.

Os bancos centrais da cúspide capitalista, capitaneados pelo *Fed*, são os gestores do sistema monetário universal, encarregados de garantir a sobrevivência do direito de propriedade, ainda que alguns proprietários tenham de ser sacrificados. Os Bernankes e Jay Powels da vida estão condenados a cumprir a missão que lhes foi confiada, fazer o que for necessário para impedir o *crash* financeiro, conter a desvalorização desordenada de ativos e remediar os prováveis impactos negativos sobre a dita economia real, aquela do emprego e da renda. Nessa região, formada pelo gasto produtivo dos capitalistas, tenta sobreviver a turma que não cansou, a malta de trabalhadores assalariados.

Essas são as verdadeiras regras do jogo: quando a coisa aperta, não há limites para salvar o capitalismo de si mesmo. Trata-se de colocar a sobrevivência das relações de propriedade – em sua forma mais geral e abstrata – acima das regras que, em tempos normais, regulam a circulação dos direitos de apropriação e de propriedade sobre riqueza

CAPÍTULO V - AS BENÇÃOS E MALDIÇÕES DA DÍVIDA

nova criada pelo esforço dos trabalhadores e sobre o estoque da riqueza velha, negociada nos mercados secundários. Na hora do "vamos ver", é preciso colocar a propriedade a salvo da irracionalidade dos proprietários. (Em meio ao pânico, sabe o caro leitor, a tigrada trata de vender rapidamente, com generosos descontos, os ativos mais líquidos, já que não há preço para o lixo totalmente ilíquido.)

Em 2001, como chefe da assessoria econômica de George W. Bush, Ben Bernanke sugeriu a compra direta de ações pelas autoridades monetárias, como método adequado para impedir a derrocada de preços suscitada pelo estouro da outra bolha, a chamada *dotcom*.

Ex-membro do Comitê de Política Monetária do Banco da Inglaterra, o economista Williem Buiter recomenda, sem rodeios, em seu blog na internet: as autoridades monetárias devem abandonar os escrúpulos. Diante das peculiaridades das crises atuais, marcadas pelo colapso da liquidez nos mercados de *securities* e, portanto, pela impossibilidade de os preços servirem de guia para compradores reticentes e os vendedores desesperados, os bancos centrais devem operar como *market makers* de primeira instância e não apenas como prestamistas finais para um sistema bancário ávido de liquidez.

Diz Buiter:

> Nos tempos em que prevaleciam os empréstimos bancários, os créditos concedidos eram ativos ilíquidos que permaneciam na carteira dos bancos até o vencimento. Hoje, o financiamento de empresas e famílias é provido, sobretudo, pela emissão de instrumentos financeiros negociáveis ou pela securitização dos créditos bancários.

Nessas condições, a crise de liquidez se manifesta de forma diferente daquela analisada por Walter Bagehot no seu celebrado livro *Lombard street*.

Quem tem um mínimo conhecimento do assunto sabe que, na história da economia mercantil-capitalista, as incessantes transformações nos regimes monetários e financeiros resultam do conflito permanente entre as regras do jogo e a compulsão dos possuidores de riqueza para transgredi-las. Não há, portanto, um modelo e muito menos um conjunto de regras de gestão que possam ser tomados como absolutos.

Nos dias de hoje, é impossível ignorar que as inovações financeiras, a liberalização das contas de capital e a desregulamentação dos mercados tornaram inviável a pretensão de se estabelecer regras para a gestão monetária.

Keynes considerava fundamental para o sucesso da política monetária o equilíbrio de opiniões entre altistas e baixistas. Isto significa que, quando a opinião dos mercados está dividida entre comprados e vendidos, não ocorrem desequilíbrios nos mercados financeiros e na liquidez capazes de perturbar a trajetória estável da economia. Se, ao contrário, as opiniões se concentram numa só direção, a ação do banco central pode não ser eficaz para estabilizar a economia. Caso venha a ocorrer, por exemplo, uma mudança de opiniões num ciclo comandado pelos altistas, a reversão de expectativas pode levar a oscilações desestabilizadoras nos preços dos ativos que agravam a redução da liquidez, ameaçam a solvência dos agentes e transformam a confiança em medo.

Há que impedir que o avanço da crise chegue aos bancos comerciais. Eles não são simples intermediários financeiros, mas detêm a prerrogativa de conceder empréstimos que excedem o valor de seus depósitos. Esses depósitos servem como meio de pagamento e essa circunstância os diferencia dos demais intermediários financeiros.

A rede de pagamentos formada pelo sistema bancário é crucial para o funcionamento adequado dos mercados. Ela se constitui na infraestrutura que facilita o *clearing* e a liquidação de operações entre os protagonistas da economia monetária. Dificuldades nessas instituições, que estão na base do sistema de provimento de liquidez e de pagamentos, transformam-se inevitavelmente em dificuldades para o conjunto da economia.

Na Teoria do Desenvolvimento Econômico, Schumpeter chamou o banqueiro/financiador de *ephor* das economias de mercado. O *ephor* era um magistrado de Esparta que vigiava as atitudes e as decisões

CAPÍTULO V - AS BENÇÃOS E MALDIÇÕES DA DÍVIDA

dos Reis. Em Schumpeter é a estrutura bancária de uma economia capitalista que controla e delineia o que pode ser financiado, e somente o que é financiado entra no reino do possível. Em nenhuma instância da evolução desse organismo complexo, a mudança e o empreendedorismo são mais evidentes que nos bancos e nas finanças. Nesse sistema evolutivo o poder e eficácia do *ephor* são endogenamente determinados. É indispensável perscrutar como a busca do lucro por empresários, banqueiros e gestores de portfólios promove a evolução das estruturas financeiras.

Joseph Schumpeter chamou a teoria que estuda a engrenagem financeira do capitalismo de Teoria Creditícia da Moeda e não Teoria Monetária do Crédito. Não se trata de uma troca de palavras, mas de uma transposição semântica. A expressão Creditícia da Moeda pretende subordinar a circulação monetária às relações credor-devedor, o que atribui ao portador dos títulos de dívida o direito de "apropriação" e, no caso de inadimplemento, de "expropriação" dos fluxos de rendimentos futuros ou do valor do estoque de capital existente ou em formação.

Para Schumpeter, assim como para Keynes e Karl Marx, a economia em que vivemos ou tentamos sobreviver não é uma economia simples de intercâmbio de mercadorias. É uma economia mercantil, monetária e capitalista. Nela, as decisões de produção envolvem inexoravelmente a antecipação de dinheiro agora para receber mais depois.

A mobilização de recursos reais, bens de capital, terra e trabalhadores depende de adiantamento de liquidez e assunção de dívidas. Para que o crescimento seja possível, disse Schumpeter, o estoque de crédito deve crescer além do requerido para operação corrente da economia capitalista.

O economista italiano Riccardo Bellofiore estabeleceu uma instigante distinção entre Dinheiro e Moeda. Dinheiro, diz ele, é a forma geral da riqueza, poder de adquirir os elementos indispensáveis à produção de mercadorias: trabalhadores assalariados, equipamentos e materiais. No capitalismo, o Dinheiro, uma vez atirado à circulação por quem dispõe de patrimônio rentável para acessar o crédito, cria a Moeda −, o fluxo monetário que paga salários, fornecedores e credores.

Sem a passagem da Potência ao Ato, diria Aristóteles, ou seja, sem a precipitação do Dinheiro no mercado com o propósito de gerar mais Dinheiro, a Moeda não gira e a economia patina. Se patina, as mercadorias não circulam e os ativos reais e financeiros avaliados "dinheiristicamente" nos balanços de bancos, empresas e famílias padecem o risco de "perder valor" porque os mercados exigem sua "marcação em Dinheiro". O Dinheiro de Crédito, antes riqueza potencial, circula como Moeda e reaparece nos balanços como Dinheiro-Riqueza realizado, mensurado e escriturado.

O grande economista austríaco antecipou as peripécias fáusticas dos que se entregam ao Demônio Dinheirista. Schumpeter compreendeu que o Demônio invadiu a carcaça de Fausto com dois Ânimos: o Espírito inquieto do mercado de capitais para ações, títulos, hipotecas, imóveis e terrenos e a boa Alma do "Dinheiro circulante" no setor de mercadorias, emprego e renda. Seguiu Marx, que no Capítulo 30 do III volume de O Capital, intitulado "Capital-monetário e capital real", faz uma distinção entre 1) "o crédito, cujo volume cresce com o crescente valor da produção" e 2) "a infinitude do capital monetário – um fenômeno que ocorre ao lado da produção industrial". Da mesma forma, Keynes escreveu sobre os desencontros entre o "Dinheiro na circulação financeira" e o "Dinheiro na circulação industrial".

A dita "financeirização" não é uma deformação do capitalismo, mas um "aperfeiçoamento" de sua natureza. Na incessante busca da "perfeição", ou seja, na busca de dinheiro a partir do dinheiro, o capitalismo excita esperanças de enriquecimento e solapa as ilusórias realidades da "economia real".

O mundo das finanças viveu uma relativa calmaria nas três décadas que se seguiram à Segunda Guerra Mundial. Há quem sustente que a escassez de episódios críticos deve ser atribuída, em boa medida, às políticas de "repressão financeira". Nascidos da Grande Depressão, esses controles impuseram a separação entre os bancos comerciais e os demais intermediários financeiros, direcionamento do crédito, tetos para as taxas de juro e restrições ao livre movimento

CAPÍTULO V - AS BENÇÃOS E MALDIÇÕES DA DÍVIDA

de capitais entre as praças de negócios de moedas distintas. Tentaram disciplinar o Espírito Dinheirista para dar curso à Boa Alma Moedeira. O Espírito escapou.

A propósito dos amores dos mercados financeiros, a professora Ângela Alonso, socióloga de escola, abriu seu artigo no caderno Ilustríssima, da Folha de São Paulo, com a metáfora de Pigmaleão e Galateia. A mulher perfeita foi esculpida em marfim por Pigmaleão, que se apaixona por sua própria criatura. Afrodite então lhe dá vida, e escultor e escultura se casam.

A prerrogativa concedida aos bancos de criar liquidez nova mediante as operações de crédito suscita a possibilidade de o Demônio Dinheirista renunciar à paixão por sua criatura e curtir, como Narciso, amor por sua própria imagem. Nessa etapa do capitalismo, o Demônio Dinheirista aproveita os juros negativos para redobrar as juras de amor pelos mercados onde circulam os títulos de dívida e as ações – direitos de propriedade e de apropriação dos rendimentos e dos ativos reais e financeiros. Dedicam-se à recompra das próprias ações e inflam os dividendos pagos aos acionistas.

O Espírito Inquieto promove a concentração e o poder do capital em poucas mãos. Cerca de 74% das ações do *JP Morgan Chase* são detidas por investidores institucionais, cinco dos quais – incluindo *Vanguard*, *Blackrock* e *State Street* – controlam um terço do total de ações. E o *JP Morgan* não está sozinho. Pesquisas recentes nos EUA mostram que os mesmos gestores de ativos globais são os principais acionistas em quase todos os maiores intermediários financeiros, empresas da *Big Tech* e companhias aéreas. O surgimento de blocos de acionistas poderosos mudou o jogo de governança corporativa.

No jogo entre o Sistema e seus protagonistas, as práticas corporativas de extração de valor respondem a um ambiente governado pela lógica da financeirização da riqueza e, ao mesmo tempo, suas decisões atiçam mais combustível à fornalha da valorização de ativos "descolada" da produção de bens e serviços. Descolada, mas não estranha.

No artigo Steering capital: the growing private authority of index providers in the age of passive asset management, os economistas Johannes Petry, Jan Fichtner & Eelke Heemskerk examinam as mudanças ocorridas na gestão de ativos depois da crise de 2008.

> O período pós-crise financeira global tem sido caracterizado como a "era da gestão de ativos". Como os bancos tiveram que se submeter às novas regulações internacionais, os gestores de ativos emergiram mais importantes do que nunca. No entanto, não é a gestão de ativos em geral que está crescendo nesta nova era pós-crise. Fundos gerenciados ativamente onde os gestores (altamente pagos) escolhem ações com o objetivo de "bater" o mercado estão em declínio, enquanto o investimento "passivo" está crescendo rapidamente. Por meio de fundos mútuos de índices e fundos negociados em bolsa (*ETFs*), ambos com taxas extremamente baixas para investidores, os ativos replicam índices estabelecidos no mercado de ações, como o *S&P 500*, o *FTSE 100* ou o *MSCI World*. Essa mudança fundamental no comportamento dos investidores em relação ao investimento passivo tem implicações acentuadas para a governança corporativa, o poder corporativo e a concorrência de mercado.
>
> O aumento do investimento passivo colocou os provedores de índices em uma nova posição de autoridade privada nos mercados globais de capitais. Hoje, as decisões dos provedores de índices têm um impacto importante nos fluxos globais de investimento e nos padrões de governança corporativa.

O investimento passivo revela o caráter autorreferencial dos mercados financeiros contemporâneos: a "valorização dos índices" atrai mais investidores, o que provoca ulteriores valorizações das bolsas e assim sucessivamente.

Um pensador do século XX desconfiava de que essas formas de valorização da riqueza são, a um só tempo, formas ilusórias que ocultam as relações de produção subjacentes e formas necessárias, enquanto expressões dessas relações transformadas pelo processo fantasmagórico que assombra a vida dos assalariados e dos produtores de mercadorias e serviços.

CAPÍTULO V - AS BENÇÃOS E MALDIÇÕES DA DÍVIDA

As abstrações do Dinheiro fazem aparições no mundo comportado da racionalidade e do equilíbrio, como o fantasma de Banquo assombrava Macbeth.

> Quando o empresário tende inevitavelmente a se tornar um *rentier*, dominante sobre os que apenas possuem o próprio trabalho, o capital se reproduz mais velozmente que o aumento da produção e o passado devora o futuro.[13]

A despeito de suas verdades e de sua força simbólica, a palavra "financeirização" diz menos do que estaria obrigada a revelar. Comprada pelo valor de face, a expressão obscurece a compreensão das leis de movimento do sistema econômico e social que hoje estrebucha sob o olhar desconfiado dos que promoveram sua derrocada. Assim, quase sempre são obscurecidas as conexões entre os desenvolvimentos da finança contemporânea, a globalização do capital produtivo e o superendividamento de famílias e empresas nos países centrais. As relações entre esses fenômenos determinaram a rápida acumulação de capacidade produtiva nos emergentes asiáticos e a farra financeira nos submergentes do Primeiro Mundo. Esse "arranjo" engendrou na área desenvolvida a criação de empregos de baixa qualidade, a queda dos rendimentos da massa assalariada e o avanço assustador da desigualdade. Não faltou à festança a deterioração persistente da receita pública, matriz dos déficits fiscais produzidos por regimes tributários cada vez mais regressivos. Com tais ingredientes, o receituário dito neoliberal preparou a gororoba do "excesso" de endividamento público e privado.

A crise deflagrada em 2007 mostra, de forma cabal, a natureza e as consequências das reformas financeiras, fiscais e trabalhistas do início dos anos 1980, promovidas pela mão visível do Estado. Elas trataram de remover os controles que pretendiam impedir a subordinação das decisões de gasto geradoras de empregos, renda, lucros e impostos às avaliações diárias e voláteis do estoque de riqueza fictícia.

---

[13] PIKETTY, Thomas. *O Capital no Século XXI*. Rio de Janeiro: Intrínseca, 2014.

As ditas reformas aceleraram as mudanças na composição e repartição da riqueza social, acentuaram as assimetrias entre o crescimento de países e regiões e aprofundaram as desigualdades na distribuição da renda entre as classes sociais.

Nesse ambiente, sucederam-se os episódios de "inflação de ativos" acompanhados da persistente fuga do capital manufatureiro para regiões de menor custo de mão de obra. Não espanta que, ao longo dos ciclos de prosperidade, fossem intensos os surtos de eliminação dos melhores postos de trabalho nas economias centrais. A desregulamentação e as novas regras fiscais montaram uma usina de desigualdades e uma fábrica de instabilidades.

É tolice, senão esperteza, buscar os "culpados" pelo desfecho desastroso das políticas adotadas a partir da "estagflação" dos anos 1970. Os slogans que proclamavam "mais mercado e menos Estado" não são menos ridículos do que a aceitação dessa falsa dicotomia por quem deveria criticá-la. O jogo entre o Estado e os mercados cuida, com especial carinho, das relações entre as classes sociais, ou seja, das formas e condições de apropriação da riqueza e da renda entre os protagonistas antagônicos do processo de criação de valor. No capitalismo realmente existente, não há "espontaneidade" ou "naturalidade" nas normas que regem a acumulação de riqueza monetária e abstrata, obtida mediante a produção de novos valores (mercadorias) e o rastro de direitos representativos da propriedade e das relações débito-crédito.

O desenvolvimento da crise demonstra que a eficácia dos instrumentos de "intervenção" do Estado, leia-se a carga tributária, os níveis de gasto e de endividamento do governo, estão submetidos à preservação do poder privado de acumular riqueza social. A "confiança" dos controladores privados do crédito é decisiva para conferir força e legitimidade à política fiscal e de endividamento público.

Se o desequilíbrio fiscal e o crescimento do débito público na composição dos patrimônios privados tornarem-se, na visão dos mercados, fenômenos profundos e duradouros, a desconfiança dos possuidores de riqueza se desloca das desgraças da finança privada para a situação financeira do Estado.

CAPÍTULO V – AS BENÇÃOS E MALDIÇÕES DA DÍVIDA

Neste momento, os senhores do universo, salvos pela vigorosa intervenção do Estado, já consideram insustentáveis a trajetória das dívidas privadas e públicas, passivos que criaram generosamente na etapa da euforia inconsequente. O estoque de liquidez injetada nas reservas bancárias para adquirir a massa de ativos privados podres se recusa a produzir os novos fluxos de crédito para governos, empresas e famílias. A isso Keynes chamou de "armadilha da liquidez", o predomínio absoluto do estoque de riqueza monetária e abstrata sobre o impulso a produzir novo valor, criando renda e emprego.

A financeirização se associa ao avanço tecnológico para promover a dissolução das relações salariais e endurecer as relações de trabalho.

Construídos sobre as garantias de estabilidade e das políticas econômicas nacionais de pleno emprego, os "velhos" mercados de trabalho sucumbiram às peripécias do Velho e sempre novo Capitalismo. O Velho e sempre novo Capitalismo não é o capitalismo envelhecido, mas, sim, aquele reinvestido em sua natureza, revigorado nas forças da competição desenfreada entre mamutes empresariais e fundos financeiros que operam em múltiplos mercados. Cada vez mais empenhados em capturar mais valor dos empreendimentos já existentes, os mastodontes multiplicam as fusões e aquisições, ocupam os espaços globais, aceleram o tempo de produção, dispensam trabalhadores e achatam os salários. Nessa toada, amesquinham os espaços nacionais e enfraquecem o poder aquisitivo da massa de trabalhadores informais, enquanto homens e mulheres de carne e osso insistem em sobreviver.

Em sua reinvenção, o Velho Capitalismo dissipou as esperanças do capitalismo fordista dos Trinta Anos Gloriosos. O período glorioso alimentou a concepção, ao mesmo tempo solidária, generosa e ilusória do conúbio virtuoso entre as duas formas do capitalismo: 1) o capital produtivo em que homens e máquinas se combinam para a produção de bens e serviços e 2) o capital "improdutivo" que não produz mercadorias, mas gera rendimentos "fictícios" para seus proprietários.

No renascimento do Velho Capitalismo, essas formas revelam que não são opostas, senão contraditórias: desenvolvem-se como dimensões do mesmo processo que subordina a produção dos meios materiais para a satisfação das necessidades do império da acumulação de riqueza monetária. Ao derrubar as fronteiras erguidas pelas políticas destinadas a proteger a produção e o emprego, o Velho Capitalismo soltou o demônio monetário que carrega na alma.

No livro *Phenomenology of the end*, Franco Bifo Berardi desvenda essas transformações:

> Em suas etapas mais recentes, a produção capitalista reduziu a importância da transformação física da matéria e a manufatura física de bens industriais, ao propiciar a acumulação de capital mediante a combinação entre as tecnologias de informação e a manipulação das abstrações da riqueza financeira. A informação e a manipulação da abstração financeira na esfera da produção capitalista tornam a visibilidade física do valor de uso apenas uma introdução na sagrada esfera abstrata do valor de troca.

A inteligência artificial, a internet das coisas e a robotização, têm sido incansáveis em sua faina de metamorfosear a materialidade da produção na imaterialidade das formas financeiras.

Os empreendimentos de plataforma encarnam, hoje, a modalidade mais aperfeiçoada do Velho Capitalismo. Além dos gigantes numéricos, como Google, Apple, Facebook, Amazon e Microsoft, as plataformas ocupam outros setores como finança, hotelaria, transportes, comercialização e distribuição de mercadorias e entrega de comida a domicílio. Aí estão em pleno vigor as plataformas dos Ubers e dos iFoods da vida.

Os trabalhadores autônomos, empreendedores de si mesmos, assumem os riscos da atividade – investimento e clientela –, mas estão submetidos ao controle da plataforma na fixação de preços e repartição dos resultados. Essa organização do trabalho foi predominante nos primórdios do capitalismo manufatureiro da era mercantilista, sob a forma do *"putting-out system"*. Os comerciantes forneciam a matéria prima para os artesãos "autônomos" que estavam obrigados a entregar o produto manufaturado em determinado período de tempo.

CAPÍTULO V – AS BENÇÃOS E MALDIÇÕES DA DÍVIDA

No capitalismo das plataformas, a utopia do tempo livre se transmuta na ampliação das horas trabalhadas, na intensificação do trabalho, no endurecimento da concorrência, enriquecimento de poucos, na precarização e empobrecimento de muitos na bolha cada vez mais inflada dos trabalhadores por conta própria.

Em seu predomínio pós-fordista, já perscrutou Michel Foucault, o mercado, "poder enformador da sociedade", redefiniu os indivíduos-sujeitos. Os valores da livre concorrência transformaram todos e cada um em "empreendedores de si mesmos": proprietários – sim – do seu "capital humano".

Para Marco d'Eramo,

> A primeira consequência dessa abordagem é que somos todos proprietários, do trabalhador mexicano ao mineiro sul-africano e ao banqueiro de *Wall Street*. Mas o que exatamente nós possuímos, quando, por exemplo, não possuímos dinheiro ou objetos materiais? Nós mesmos somos donos: ou seja, nós mesmos constituímos nosso próprio capital. Todo mundo é dono de si mesmo, ou seja, seu próprio capital humano: dono de sua própria empresa, ou seja, de si mesmo, que investe seu capital: daí a noção de capital humano: "A especificidade do capital humano é que ele faz parte do homem. É humano porque está incorporado no homem, e capital porque é uma fonte de satisfação futura, ou ganhos futuros, ou ambos".

O capital humano é para a economia como a alma é para a religião: como de acordo com as várias crenças cada pessoa tem uma alma – você não pode vê-la, mas há –, então em cada um de nós há um "capital" invisível e imaterial –, que aconteça o empreendedor individual de si mesmo! Somos todos capitalistas, portanto, da lava-louças imigrante ao oligarca russo.

Mas mesmo que os proletários sejam capitalistas, mesmo que sejam apenas do capital humano, então não há, por um lado, o capitalista que compra o trabalho do proletário e, por outro, o proletário que vende seu trabalho para o capitalista. Há apenas dois capitalistas que derivam de forma diferente uma renda de seu capital (um do capital econômico, o outro do capital humano). Não há mais exploração do trabalhador pelo capitalista, mas há a auto exploração do eu trabalhador-capitalista. Todas as categorias conceituais tradicionais, como exploração e alienação, estão desaparecendo e seu cancelamento prejudica, em tese, o movimento operário, cuja derrota vai muito além do contingenciamento histórico devido ao desaparecimento dos partidos e sindicatos que o representam politicamente. É uma derrota teórica e conceitual, porque nessa nova visão da economia, o trabalho se torna uma renda de capital. Na Espanha, já foi dito *todos caballeros*: agora, nos melhores mercados possíveis, dizemos "todos capitalistas"! A luta de classes não está mais lá, simplesmente porque não há duas classes diferentes, só existem "empreendedores capitalistas".

Na realidade real, o capital humano cultivado com os empenhos da educação e da formação profissional sofre forte desvalorização nos mercados de trabalho contaminados pela precarização, pelo empreendedorismo das plataformas e pela continuada perda da segurança, outrora proporcionada pelos direitos sociais e econômicos.

O poder e a riqueza dos verdadeiros capitalistas são reforçados mediante a concentração empresarial que promove a rápida expansão dos rendimentos derivados primordialmente do *exercício da propriedade* de ativos tangíveis e intangíveis. Isso demonstra que o avanço do patrimonialismo não é uma deformação da Nova Economia, senão a expressão necessária de suas formas de apropriação da renda e da riqueza. Como já foi dito, o capitalismo "social" e "internacional" do imediato pós-guerra transfigurou-se no capitalismo "global", "financeirizado" e "desigual".

5.2 Os limites do endividamento capitalista: dívida, riqueza e renda

Os economistas do Banco da Inglaterra, Michael Hume e Andrew Sentance escreveram o artigo "The global credit boom: challenges for macroeconomics and policy" sobre os descuidos do mainstream com a dívida e os ciclos financeiros. Dizem eles que:

CAPÍTULO V - AS BENÇÃOS E MALDIÇÕES DA DÍVIDA

> (...) do final dos anos 1960 até pelo menos o início da década de 1990, o problema do ciclo de negócios com o qual lidaram os formuladores das políticas econômicas não foi a instabilidade financeira, mas a inflação.
>
> A instabilidade financeira ficou aprisionada na hipótese dos mercados eficientes. Enquadrados nessa enxovia, os problemas do crédito e dos ciclos financeiros sumiram do mundo dos vivos.

Hume e Sentance atribuem esse desaparecimento aos modelos DSGE que predominaram na academia ao longo de "décadas de pesquisa tentando explicar as características do ciclo de negócios dos anos 1970, 1980 e início dos anos 1990.

No entanto, complementam eles:

> (...) é necessário explicar por que o progresso tem sido tão limitado na última década de inflação baixa, estável e incidência frequente de crises financeiras. As premissas de mercados eficientes, expectativas racionais e agentes otimizadores são difíceis de conciliar com os *booms* de crédito mais pronunciados. Suspeitamos que são prementes as razões para descartar o modelo ortodoxo, pois essas suposições obstruíram a pesquisa sobre papel do crédito nos ciclos financeiros.
>
> Tais hipóteses têm a função de ocultar a natureza dos mercados financeiros na economia monetária capitalista. Essa ocultação é efetuada pelos supostos do naturalismo, racionalismo, individualismo, que sustentam a inevitabilidade do *equilíbrio* em todos os mercados, sejam eles de bananas ou de ativos financeiros.

A marca registrada da finança de todos os tempos é a gestão público-privada da moeda e do crédito. Como foi dito acima, a crise financeira global desvendou o caráter político-jurídico da moeda e a natureza "coletivista" e hierárquica do sistema de crédito, cuja função inescapavelmente pública é, em tempos "normais", delegada à administração das instituições privadas.

As massas de capital líquido das empresas e a poupança das famílias estão cada vez mais concentradas sob o comando de grandes investidores institucionais. São fundos de pensão, fundos mútuos e fundos de *hedge* que – operando em várias praças financeiras – usam intensamente a técnica de "alavancar" posições em ativos.

Esta nova configuração institucional acirrou a concorrência entre as instituições financeiras na atração da clientela e na aceleração das inovações financeiras. Os gestores de portfólios – bancos, fundos mútuos e fundos de pensão – no afã de carrear mais recursos sob o seu controle e na ânsia de bater os concorrentes, procuram exibir as melhores performances. Os administradores mais ousados abrem espaço para produtos e ativos de maior risco em suas carteiras alavancadas.

A estabilidade da economia monetária depende, portanto, das complexas relações entre os fundos coletivos administrados por instituições privadas de avaliação do crédito e da capacidade do Estado de orientar o comportamento e as expectativas dos agentes privados empenhados na liça da acumulação de riqueza monetária. Esses trabalhos do Estado são executados pela política monetária do Banco Central em conjunto com a gestão da dívida pública pelo Tesouro.

Quando mencionam as instituições "grandes demais para falir", os especialistas e quejandos deixam escapar do inconsciente a verdadeira natureza do complexo financeiro-monetário. Na forma em que está constituído nas economias capitalistas contemporâneas, o complexo financeiro-monetário – além de desempenhar as funções corriqueiras de administrador do sistema de pagamentos e provedor de liquidez – transfigurou-se no coordenador do *"money manager capitalism"*, como falou Hyman Minsky.

Essa é a etapa mais avançada do capitalismo de todos os tempos porque, no mesmo movimento, a mobilização dos capitais na esfera produtiva em direção à concentração e centralização do controle dos mercados e do avanço tecnológico convive com o avantajamento continuado da valorização financeira. As instituições financeiras que participam da constituição e gestão das grandes empresas produtivas promovem a supressão da concorrência, mas, ao fazer isto, estimulam

CAPÍTULO V – AS BENÇÃOS E MALDIÇÕES DA DÍVIDA

a conquista de novos mercados, provocando o acirramento da concorrência entre blocos de capital e impulsionando a internacionalização crescente dela. Vide a relação China-Estados Unidos.

A crise de 2008 e a pandemia demonstraram que a acumulação de riqueza monetária pode se desvencilhar dos incômodos da produção material. Essa proeza não é sintoma de deformação, mas de aperfeiçoamento da "natureza" do *"money manager capitalism"*. Ele se distingue pelo caráter universal e permanente dos processos especulativos e da inovação financeira criativa, capazes de suplantar as façanhas mais espetaculares do que aquelas imaginadas por Karl Marx ao desenvolver o conceito de "capital fictício".

Minsky construiu uma hipótese "keynesiana" sobre a formação de preços de ativos numa economia em que prevalece a moeda de crédito criada pelos bancos. Enquanto a teoria convencional cuida de examinar as condições de equilíbrio no intercâmbio de mercadorias, Minsky coloca o crédito e a finança no centro da economia capitalista (o modelo da feira livre *versus* o "paradigma de *Wall Street*"). Para ele, a concorrência em busca da maximização do ganho privado determina resultados que a ação dos indivíduos racionais não pode antecipar. As decisões privadas são tomadas em condições de incerteza radical e, por isso, estão sempre sujeitas à subavaliação do risco e à emergência de comportamentos coletivos de euforia que conduzem à fragilidade financeira e a crises de liquidez e de pagamentos. Minsky descreve as etapas do ciclo de crédito e formação de preços dos ativos em que as interações subjetivas entre os participantes do mercado não raro provocam a má precificação de ativos e distorções na alocação de recursos.

O economista Yakov Feygin é preciso em sua apreciação:

> Minsky acreditava que, dotado de um sistema financeiro, o capitalismo é melhor definido pelo comportamento imposto a todas as unidades econômicas – indivíduos, empresas e famílias. Essas unidades só conseguem sobreviver administrando seus fluxos de caixa e compromissos correspondentes. Isso é o que ele chamou de "restrição de sobrevivência": todos, desde empresas industriais até trabalhadores individuais,

devem ter dinheiro em mãos para pagar suas dívidas ou então encontrar crédito para rolar seus passivos para alguma data futura, quando terão fluxos de caixa. A forma como as sociedades organizam a geração e a gestão desses fluxos de caixa e de crédito é definida por suas instituições. Para Minsky, as mudanças na distribuição da riqueza capitalista e na dinâmica dos preços dos ativos podem ser compreendidas estudando a evolução desses regimes institucionais no tempo histórico.

O economista russo afirma com propriedade que, no mundo de Minsky, não é a "oferta de dinheiro" exógena que impulsiona o processo inflacionário, mas, sim, a evolução da economia real. É a *demanda* por dinheiro que provoca a ampliação da disponibilidade dos meios de pagamento através da emissão de crédito bancário contratado por empresas privadas que podem ser usados para a compra de mercadorias. Assim, a oferta de dinheiro é endógena ao sistema econômico e não *exógena*, oferecida diretamente pelo Banco Central.

Em uma economia capitalista moderna, o papel do banco central é duplo: ele tenta definir o preço do dinheiro de crédito agindo como um ente superior e determina as condições impostas ao crédito privado para receber a benção e garantia do crédito público — dinheiro ou reservas –, que permanecem os "melhores" meios de pagamento em relação ao dinheiro privado. Não é a capacidade dos bancos centrais de imprimir dinheiro, mas sua capacidade de validar e expandir a emissão de dinheiro de crédito que alimenta expansões econômicas.

No ciclo de expansão ocorrido no período 2000-2007, combinaram-se métodos inovadores de "alavancagem" financeira, valorização imobiliária, a migração da produção manufatureira, a ampliação das desigualdades, insignificante evolução dos rendimentos da população assalariada e dependente e a degradação dos sistemas progressivos de tributação.

A lenta evolução dos rendimentos acumpliciou-se à vertiginosa expansão do crédito para impulsionar o consumo das famílias e estimular as empresas a maximizarem os ganhos financeiros em detrimento do investimento produtivo – aquele que cria renda e emprego para as famílias.

CAPÍTULO V - AS BENÇÃOS E MALDIÇÕES DA DÍVIDA

Amparado na "extração de valor" ensejada pela escalada dos preços dos imóveis, o gasto dos consumidores alcançou elevadas participações na formação da demanda final em quase todos os países das regiões desenvolvidas. Enquanto isso, as empresas dos países centrais cuidavam de intensificar a estratégia de separar em territórios distintos a formação de nova capacidade e a captura dos resultados.

Quando os motores reverteram, acionados pela queda nos preços dos imóveis e pela desvalorização dos ativos financeiros associados ao consumo, escancarou-se um estoque de endividamento "excessivo" das famílias, calculado em relação aos fluxos esperados de rendimentos e à derrocada do valor das residências. Afogadas nas sobras de capacidade à escala global, as empresas cortaram ainda mais os gastos de capital.

Aliviadas da carga de ativos podres graças à ação dos bancos centrais, as instituições financeiras acumularam reservas excedentes, mas hesitam em emprestar até mesmo às suas congêneres. Entre a queda das receitas, a ampliação automática das despesas e o socorro aos bancos moribundos, os déficits fiscais aumentaram, engordando as carteiras dos bancos com a dívida dos governos.

Richard Duncan no livro *The new depression:* the breakdown of the paper money economy apresenta as mudanças na posição relativa dos setores da economia americana entre 1945 e 2007.

Tabela X: Estados Unidos: As transformações na estrutura da dívida (1945-2007)

	1945	2007
Total (US$ Bilhões)	355	50.043
Governo federal	71%	10%
Famílias	8%	28%
Setor corporativo	13%	13%
Empresas não corporativas	1%	7%
Setor financeiro	1%	32%
Diversos	6%	10%

Duncan assinala que, entre 1945 e 2007, a participação relativa do endividamento dos setores acima mudou radicalmente. Em 2007, a dívida pública caiu para 10% da dívida total. Foi um declínio relativo muito grande, mas não surpreendente. É natural que a dívida pública decline de um nível muito alto durante as décadas seguintes a uma grande guerra. Não houve mudança na participação do endividamento do setor corporativo. Permaneceu inalterado em 13%. Os desenvolvimentos notáveis e críticos vieram no setor de famílias e no setor financeiro. A participação das famílias na dívida aumentou de 20 pontos percentuais para 28%, enquanto o setor financeiro tornou-se o maior devedor entre todos, com 32% de toda a dívida. O salto acentuado no nível de endividamento desses dois setores foi surpreendente. E o que aconteceu? Consideremos primeiro o setor financeiro. No final da década de 1940, o setor financeiro não emitiu quase nenhuma dívida. Os depósitos bancários forneceram quase todo o *funding* do setor. Foi o período em que prevalecia o crédito bancário. Isso começou a mudar durante a década de 1960. Como mostra a tabela acima, dos cinco setores mais endividados, o setor financeiro apresentou o menor nível absoluto de endividamento até 1966, quando ultrapassou o setor empresarial não corporativo, ou seja, pequenas e médias empresas. Em 1988, o setor financeiro superou a dívida do governo federal, para se tornar o terceiro setor mais endividado. Dois anos depois, o endividamento do setor financeiro superou o do setor corporativo. E, em 1998, o setor financeiro passou para o primeiro lugar, tendo se endividado mais até mesmo do que as famílias. Em 2007, o setor financeiro abrigava 16 trilhões de dólares em dívidas. As famílias deviam US$ 14 trilhões. O setor corporativo ficou em terceiro lugar com US$ 7 trilhões. O governo federal devia US$ 5 trilhões, e o setor empresarial não corporativo devia US$ 4 trilhões.

Essa foi uma mudança monumental na estrutura dos mercados de crédito dos EUA. Tradicionalmente, o setor financeiro atuava apenas como intermediário entre poupadores e mutuários, aceitando depósitos e fazendo empréstimos. No final do século, no entanto, o próprio setor financeiro havia se tornado o maior tomador de empréstimos do país. *Fannie Mae* e *Freddie Mac* foram os principais agentes por trás dessa mudança. *Fannie* e *Freddie* não eram instituições de depósito. Elas

CAPÍTULO V - AS BENÇÃOS E MALDIÇÕES DA DÍVIDA

tradicionalmente levantavam fundos emitindo títulos. Como empresas patrocinadas pelo governo (*GSEs*), elas poderiam levantar dinheiro barato porque os investidores acreditavam que seus títulos eram implicitamente apoiados pelo governo dos EUA. *Fannie* e *Freddie* usaram os fundos que levantaram para comprar hipotecas de bancos e outras hipotecas. Eles retiveram algumas dessas hipotecas em seus livros como de boa qualidade. A maioria, no entanto, revendeu para outros investidores — mas eles os revendem com uma garantia de desempenho anexada. Dessa forma, *Fannie* e *Freddie* ganharam um *spread* para garantir que as hipotecas que venderam cobririam seus juros e pagamentos do principal dentro do prazo. Entidades conhecidas como "*pools* hipotecárias", apoiados por agências e *GSEs* (essencialmente o *Special Investiment Vehicles*), compraram a maioria das hipotecas garantidas por *Fannie* e *Freddie*. Eles também levantaram fundos emitindo dívidas. No final de 2007, os *GSEs* tinham US$ 2,9 trilhões em dívidas em circulação, enquanto as *pools* hipotecárias, tinham US$ 4,5 trilhões em dívidas. *Fannie* e *Freddie* eram os "beneficiários" da maioria dessas *pools* hipotecárias apoiados pelas agências e pelas *GSEs*.

Somando todos os setores, a dívida total ficou em torno de 150% do PIB entre 1946 e 1970. Essa proporção subiu gradualmente para 170% no final da década de 1970, mas depois acelerou acentuadamente durante a década de 1980, terminando em 230%. A taxa de expansão da dívida desacelerou durante a maior parte da década de 1990, mas voltou a subir a partir de 1998. Em 2007, a dívida total do mercado de crédito em relação ao PIB atingiu 360%.

No livro *First responders*, organizado por Ben Bernanke, Henry Paulson e Timothy Geithner, assessores do *Federal Reserve* e do Tesouro, registram as características dos mercados contemporâneos:

> O sistema financeiro mudou de forma fundamental nas décadas que antecederam à crise de 2008: mais crédito e precificação de risco foram intermediados nos mercados financeiros, sob os auspícios de instituições não bancárias. Muitas dessas instituições dependem de financiamento de curto prazo nos mercados monetários atacadistas, em vez de depósitos à vista garantidos e estáveis; assim, são mais vulneráveis a uma queda na confiança

dos investidores, o que pode levar à queima de ativos e ao contágio do mercado.

O que as autoridades podem é impor exigências de capital para os vários tipos de ativos. Se as autoridades impõem tais restrições aos bancos de depósito e estão atentas aos "quase-bancos", bem como a outras instituições financeiras, estarão em condições de atenuar as "tendências destrutivas da economia".

Na crise de endividamento, famílias com *equity* negativo e as empresas sobrecarregadas de capacidade correm para os confortos da liquidez e do reequilíbrio patrimonial. Os países e as regiões se engalfinham: uns para reverter os déficits externos, outros para manter seus superávits. Os governos ensaiam políticas de austeridade fiscal.

Como foi dito acima, tais decisões são "racionais" do ponto de vista microeconômico e virtuosas sob a ótica da gestão das finanças domésticas, mas perversas para o conjunto da economia. Se todos pretendem cortar gastos, realizar superávits e se tornar líquidos ao mesmo tempo, o resultado só pode ser a queda da renda, do emprego e o crescimento do "peso" das dívidas cujo "valor" está fixado em termos nominais. É o paradoxo da *desalavancagem*, também conhecido como o inferno das boas intenções, cujas chamas crepitam no conhecido, mas sempre descuidado, território das falácias de composição. Se bem interpretadas, as falácias poderiam nos aconselhar a discernir os fundamentos macroeconômicos da microeconomia.

Doze anos depois do *crash* de 2008, os "mercados" se dedicaram, mais uma vez, ao esporte radical de formação de novas bolhas amparados nas ações anticíclicas dos Bancos centrais e dos Tesouros Nacionais. Na maré montante da liquidez abastecida pelo *Federal Reserve* e pelo Banco Central Europeu, as bolsas e os rendimentos nanicos dos bônus dos Tesouros dos Estados Unidos e da Alemanha fumegam os vapores que sopram, às alturas, os preços dos ativos. Nas horas vagas (nas outras também), as corporações financeiras e não financeiras se entregam à bulha da recompra das próprias ações

CAPÍTULO V - AS BENÇÃOS E MALDIÇÕES DA DÍVIDA

e mandam bala na distribuição de dividendos com a grana do *Federal Reserve*.

Os mercados financeiros, afogados na liquidez, expelem bolhas, enquanto o gasto produtivo de consumo e investimento morre de sede. A economia do emprego e da renda marcha a passos de Rocinante, em descompasso com os preços dos ativos financeiros que voltam a disparar nas asas de Pégaso.

A realidade salta aos olhos: a liquidez exuberante, taxas de juros negativas e o ingurgitamento do caixa das empresas e bancos (o estoque de poupança financeira) não só convivem como também estimulam a falta de apetite pelo investimento. Na *Disneylândia* do pensamento hegemônico, os movimentos da economia como um todo devem respeitar os princípios de administração do orçamento familiar: os recursos que se destinam ao investimento vêm da parcela da renda que foi poupada pela abstinência do consumo.

No mundo da economia como um todo, em que os homens trabalham, ganham e sobrevivem, os orçamentos familiares dependem da disposição das empresas de gastar na produção de bens de investimento e de bens de consumo. Assim, os gastos de consumo das famílias dependem da renda criada pelo dispêndio das empresas, ao gerar empregos e mobilizar outras ocupações conexas.

O investimento é a variável determinante no processo de formação da renda e, portanto, da capacidade de consumo do assim chamado "público".

A aquisição de meios de produção depende da perspectiva de expansão do mercado, ou seja, das estimativas dos empresários a respeito da evolução do consumo, o que envolve, simultaneamente, as avaliações dos empresários a respeito da disposição de seus pares de gastar na criação de emprego e da renda no setor de bens de produção.

Estudo do *Board of Governors* do *Fed*, publicado em novembro de 2015, ilumina esse ponto:

> (...) em reação à turbulência financeira e ao rompimento do crédito associado à crise financeira global, corporações procuraram

ativamente aumentar recursos líquidos a fim de acumular ativos financeiros e reforçar seus balanços. Se esse tipo de cautela das empresas tem sido relevante, isso pode ter conduzido a investimentos mais frágeis do que o normalmente esperado e ajuda a explicar a fraqueza da recuperação da economia global... descobrimos que a contraparte do declínio nos recursos voltados para investimentos são as elevações nos pagamentos para investidores sob a forma de dividendos e recompras das próprias ações... e, em menor extensão, a acumulação líquida elevada de ativos financeiros.

Nesse momento, estão articulados, em seu movimento, a brutal centralização de capitais empenhados no controle dos mercados, a rápida dissolução das relações de assalariamento e o correspondente avanço da informalidade e da precarização. Na cúspide dessas relações, estão a dominância da esfera financeira na coordenação da economia e seu fiel servidor, o sobre-endividamento global.

O sobre-endividamento global e a dominância financeira deveriam suscitar questionamentos mais intensos e aprofundados entre os ditos especialistas. Não nos referimos apenas aos partidários da teoria convencional, mas também aos keynesianos e pós-keynesianos.

As recomendações de política econômica dos rapazotes e velhotes do liberalismo estão inscritas nas ideias de equilíbrio estrutural das finanças pública e no regime de metas de inflação. Para a turma keynesiana, é necessário que os governos estimulem os capitalistas controladores do crédito e do gasto a seguir "pedalando", com novas dívidas que financiem projetos capazes de engendrar efeitos multiplicadores no emprego, na renda, nos lucros e nas poupanças e daí para a liquidação das dívidas.

No artigo "O verdadeiro estado atual do sistema financeiro" publicado no site *Zerohedge*, integrantes do *Phoenix Capital Research* suspeitam do funcionamento de mentes que acreditaram na possibilidade de resolver um problema de dívida emitindo mais dívida. Em 2008, diz o artigo, a bolha de *bonds* era de US$ 80 trilhões, hoje supera os US$ 100 trilhões. O mercado de derivativos que usa essa bolha de *bonds* como colateral supera US$ 555 trilhões. As corporações hoje estão mais endividadas, em 2007 os *bonds* das empresas americanas somavam US$ 3,5 trilhões, hoje eles estão em US$ 7 trilhões, perto de 50% do PIB. Os Bancos Centrais enfrentam os limites da política monetária para retirar a economia desse atoleiro, inundado por liquidez.

5.3 Endividamento privado e endividamento público

Já observamos que endividamento público em expansão é utilizado pelos mercados financeiros e por seus fâmulos na mídia para atemorizar os cidadãos. Nesta seção vamos estudar mais detidamente a questão das relações entre endividamento privado e endividamento público. O estudo dessas relações não pode ser realizado sem considerações a respeito da estrutura e dinâmica da economia monetária capitalista.

Os economistas Òscar Jordà, Moritz Schularick e Alan Taylor buscaram estudar o comportamento da dívida pública em 17 países, entre 1870 e 2011. Eles apuraram que, enquanto a dívida pública cresceu na maioria dos países nas últimas décadas, o extraordinário crescimento da dívida do setor privado (empréstimos bancários) é o principal responsável pelo forte aumento do *passivo total* nas economias ocidentais. Cerca de dois terços do aumento da dívida total das economias tiveram origem no setor privado. Os passivos privados em bancos-sombra dos EUA e do Reino Unido amplificam essa conclusão. As dívidas soberanas e privadas têm sido, em geral, inversamente correlacionadas a longo prazo, mas aumentaram em conjunto desde a década de 1970. O período *Bretton Woods* – os trinta anos que se seguiram à Segunda Guerra Mundial – destaca-se como o único período de redução sustentada da dívida pública, tanto em expansões quanto em recessões.

Em segundo lugar, dizem os autores, nas economias avançadas, os riscos de instabilidade financeira originam-se principalmente no setor privado e não no setor público. Para entender as forças motrizes das crises financeiras, é preciso estudar o crédito ao setor privado e seus problemas. No longo prazo, a corrida entre as variações do crédito privado (empréstimos bancários) e da dívida soberana apontam o crédito privado como prenúncio mais significativo das crises. A dívida soberana adiciona pouca informação preditiva. Isso se encaixa bem com os acontecimentos de 2008: exceto a má conduta fiscal na Grécia, a maioria dos outros países avançados não tinha problemas óbvios de dívida pública *ex ante*. Claro, *ex post*, a feroz crise financeira recessiva causaria estragos nas finanças públicas através da queda das receitas e do aumento dos gastos cíclicos.

No artigo "Public and private debt: the historical record (1870-2010)", Moritz Schularick investiga a evolução do endividamento público e privado. "As economias ocidentais têm apresentado um aumento constante no grau de 'financeirização', medido pelo volume de crédito público e privado à produção, após a Segunda Guerra Mundial". As séries históricas revelam que o valor da dívida em relação à capacidade produtiva subiu para níveis elevados em praticamente todos os países desenvolvidos. Embora o aprofundamento financeiro até a década de 1970 pudesse ser interpretado como retorno aos níveis pré-guerra (ou seja, após o colapso da intermediação financeira privada durante a Grande Depressão e durante a Segunda Guerra Mundial), o aumento acentuado nos últimos 30 anos destaca-se como um desenvolvimento estruturalmente novo na história capitalista moderna.

Como foi distribuído esse aumento da dívida entre o setor público e o privado em todas as economias nas últimas décadas? Como se vê, apenas cerca de um terço do aumento da dívida total no mundo ocidental desde 1970 foi devido ao acúmulo de dívida pública. Em outras palavras, a esmagadora parcela do aumento deveu-se ao aumento do endividamento por parte das famílias e empresas. Aprofundando-se na divisão entre famílias e empresas, Hume e Sentance (2009) mostraram que o *boom* global de crédito das últimas décadas tem sido impulsionado principalmente pelo endividamento das famílias. Claramente, os índices de dívida pública, na segunda metade do século XX, também aumentaram na maioria das economias ocidentais, embora não em todas.

CAPÍTULO V - AS BENÇÃOS E MALDIÇÕES DA DÍVIDA

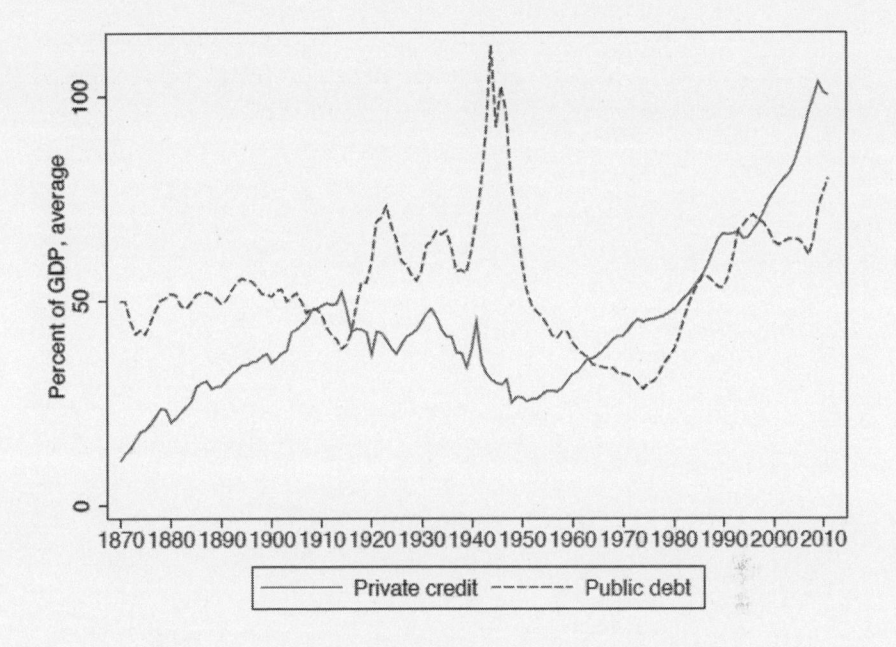

[Gráfico: Percent of GDP, average — Private credit e Public debt, 1870–2010]

A aceleração da dívida privada é uma característica regular do ciclo de negócios moderno. O endividamento de empresas e famílias expande-se nos períodos de crescimento e "confiança". Os bancos, sob a supervisão dos bancos centrais, emprestam às empresas e às famílias. As instituições financeiras não bancárias, por sua vez, emitem títulos que, abrigados nos portfólios, próprios e de outras instituições, amparam as "poupanças" das empresas e das famílias, poupanças acumuladas ao longo dos sucessivos circuitos de gasto-emprego-renda.

Jordà, Schularick e Taylor descobriram

> que, se um país entra em recessão – seja um tipo comum ou um tipo de recessão financeira –, o legado de um grande *boom* de crédito privado será oneroso e a trajetória de produção pós-recessão da economia é afetada negativamente com um crescimento mais lento.

Dívida privada e sua variação 1920 até agora

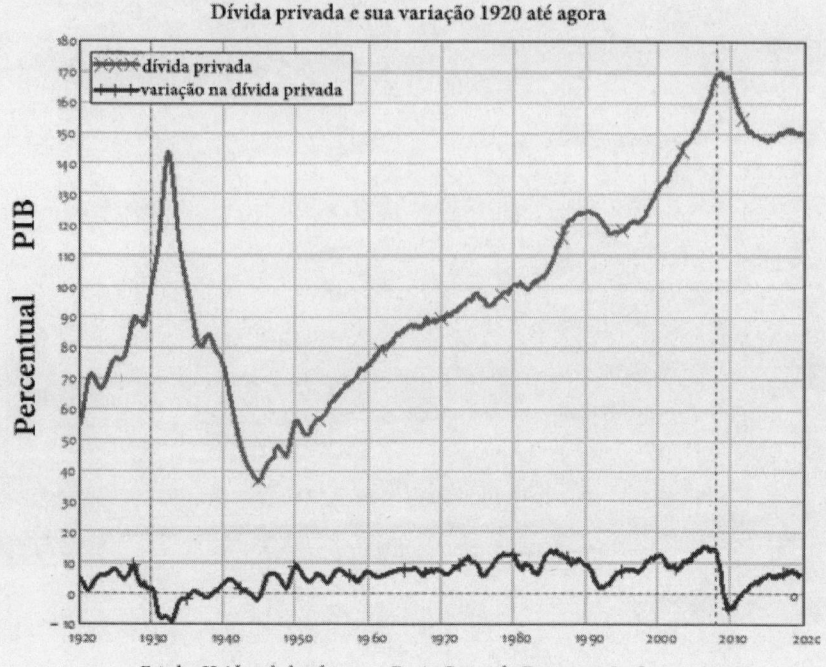

Estados Unidos dados do censo Fonte: Banco de Compensações Internacionais

Como já foi dito, o endividamento de empresas e famílias expande-se nos períodos de crescimento e "confiança". Os bancos, sob a supervisão e regulação dos bancos centrais, emprestam às empresas e às famílias gastadoras.

Nas recessões, e mais ainda nas depressões, a dívida pública invade os portfólios para garantir o valor e a liquidez da riqueza dos privados. Salvos da desvalorização dos ativos e das carteiras de dívida que carregavam, os bancos privados e outros intermediários financeiros salvaguardam seus patrimônios, incorporando títulos públicos com rendimentos reduzidos, mas valor assegurado. O Estado, como gestor da moeda (e da dívida), susta uma desvalorização desastrosa da riqueza.

CAPÍTULO V - AS BENÇÃOS E MALDIÇÕES DA DÍVIDA

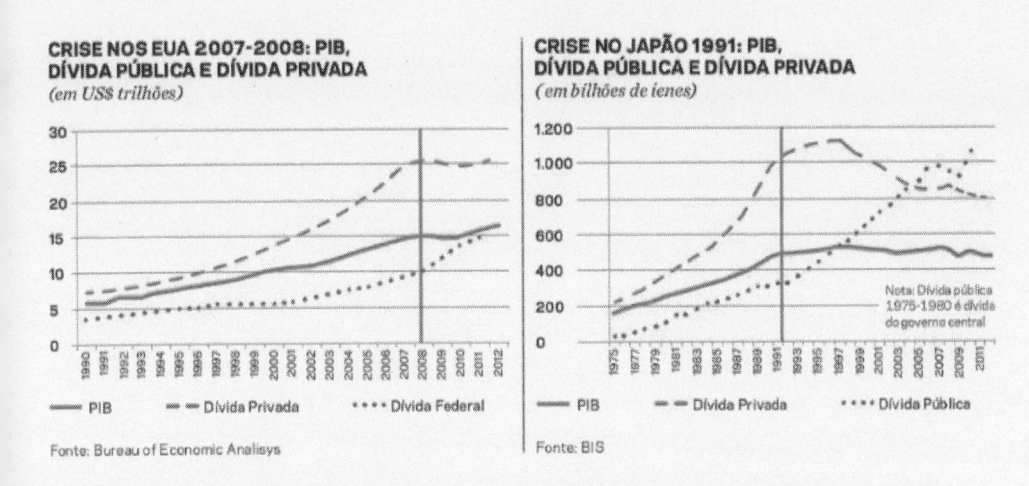

CRISE NOS EUA 2007-2008: PIB, DÍVIDA PÚBLICA E DÍVIDA PRIVADA
(em US$ trilhões)

— PIB   — — Dívida Privada   ···· Dívida Federal

Fonte: Bureau of Economic Analisys

CRISE NO JAPÃO 1991: PIB, DÍVIDA PÚBLICA E DÍVIDA PRIVADA
(em bilhões de ienes)

Nota: Dívida pública 1975-1980 é dívida do governo central

— PIB   — — Dívida Privada   ···· Dívida Pública

Fonte: BIS

Os governos emitem títulos públicos em estreita cooperação com os Bancos Centrais, que regulam as condições de liquidez do mercado monetário mediante a recompra diária dos papéis elegíveis, quer do governo, quer do setor privado. São as operações chamadas *Repurchase Agreement*, *Repo*, conhecidas no Brasil como Operações Compromissadas. Nessas operações, os títulos de maior liquidez são "alugados" por um prazo curto, com compromisso de recompra.

O economista de *Harvard*, Emmanuel Fahri, infelizmente falecido, empreendeu um estudo a respeito dos "ativos seguros". Entre o cardápio de ativos disponíveis, diz Fahri, alguns são percebidos como "mais seguros" do que outros. No entanto, a segurança é um conceito fugidio, porque nada é absolutamente seguro. Os investidores sempre visualizarão a segurança de um ativo através do prisma de suas próprias percepções, necessidades e preocupações, em relação a outros ativos e em relação às percepções de outros investidores. Fahri afirma que seu artigo adota uma definição pragmática e estreita: "um ativo seguro é um simples instrumento de dívida que deverá preservar seu valor durante eventos sistêmicos adversos".

No episódio de 2008, assim como na pandemia, os Bancos Centrais e os Tesouros Nacionais cuidaram e cuidam de sustar a desvalorização dos ativos privados que frequentam os balanços de empresas, bancos e famílias. Os bancos privados e outros intermediários financeiros protegem suas carteiras e, portanto, salvaguardam seus patrimônios carregando títulos públicos. Na última crise e na pandemia, os Bancos Centrais e os Tesouros emitiram títulos com rendimentos reduzidos, mas valor assegurado pelo poder do Estado como gestor da moeda –, a ponte segura entre o passado apodrecido e o futuro incerto.

Em 15 de junho de 2020, a economista Daniela Gabor participou de uma audiência pública sobre as respostas ao Covid-19 na Comissão de Economia do Parlamento Europeu. Entre os mitos que Daniela procurou desbancar está a ideia de que os Bancos Centrais ultrapassaram seu mandato com intervenções desproporcionais nos mercados de títulos públicos, minando as regras fiscais.

> Através de uma lente macrofinanceira, este argumento é simplesmente errado. Se perguntarmos como a estrutura financeira privada e as políticas macroeconômicas interagem, fica claro que as mudanças evolutivas nas finanças europeias juntaram as políticas monetárias e fiscais. A divisão pré-crise das funções macroeconômicas – política monetária e política fiscal – é uma ficção que não podemos mais sustentar. Consideremos o mercado monetário: para bancos europeus e investidores institucionais, o mercado de *repos* (as ditas compromissadas no jargão brasileiro) é de 7 trilhões de euros. Dois em cada três euros emprestados no mercado *repos* usam títulos soberanos emitidos por integrantes da Zona do Euro (Alemanha e Itália, os maiores) como garantia. A criação de crédito privado – o pão e a manteiga das operações do BCE – depende fundamentalmente de títulos soberanos, e assim da política fiscal.

Na crise de 2008, assim como na pandemia, o *Federal Reserve* e o Banco Central Europeu trataram de prover liquidez para administrar o colapso das relações monetárias de mercado e conter a qualquer custo a contração do mercado interbancário e a evaporação dos *money markets*. Os Bancos Centrais abriram as comportas de seus balanços para conter a ruptura dos fluxos de crédito, gastos e renda. Para tanto, bombearam trilhões de dólares para a compra de títulos privados e para a aquisição de títulos públicos mais longos, achatando a curva de juro, diga-se, já desinclinada.

CAPÍTULO V - AS BENÇÃOS E MALDIÇÕES DA DÍVIDA

Os Bancos Centrais cuidam de absorver ativos privados em seus balanços, enquanto os Tesouros se incumbem da emissão generosa de títulos públicos para sustentar a liquidez das carteiras de ativos dos bancos particulares. A experiência do enfrentamento das crises demonstra a articulação estrutural entre o sistema de crédito, a acumulação produtiva das empresas, o consumo privado e a gestão das finanças do Estado, particularmente da dívida pública. Nas crises financeiras, o caráter essencialmente "coletivista" da economia monetária da produção, ou seja, do capitalismo, surge no naufrágio financeiro como a tábua de salvação dos mercados privados. As relações entre as finanças públicas, a gestão monetária e o setor financeiro privado não são "externas", de mero intervencionismo. São orgânicas e constitutivas.

Nas crises, os agentes econômicos correm sofregamente para reservas de valor. O economista Emmanuel Fahri ensina o básico:

> As famílias e as empresas precisam provisionar dinheiro. As instituições financeiras precisam de garantias. Bancos Centrais e fundos soberanos precisam manter ativos estrangeiros. Em tempos de normalidade, essas reservas de valor assumem muitas formas: dinheiro, depósitos bancários, títulos do Tesouro, e também títulos corporativos, ações, ou ativos reais, como imóveis, terras, ouro, entre outros.

No espocar das recessões ou, pior, das depressões, os mercados revelam que essas reservas de valor não são iguais. Elas diferem em seu grau de liquidez – a facilidade com que podem ser negociadas – e em sua sensibilidade aos vários fatores de risco. Entre o cardápio de ativos disponíveis, alguns são percebidos como "mais seguros" do que outros. Esses ativos de reserva certamente são qualitativamente diferentes, mas todos devem prestar reverência ao Dinheiro, o despótico ditador que os obriga a comparecer aos mercados com as vestes monetárias, e os aflige diariamente com a ameaça de perda de valor caso não consigam dar o "salto mortal" para o regaço do Senhor.

As análises e avaliações das políticas monetárias e fiscais em situações de crise aguda tendem a ignorar a importância da expansão da dívida pública para o saneamento e recuperação dos balanços dos bancos.

Não deveríamos repetir o que já foi dito aqui: os estudos sobre as relações entre crescimento da dívida privada e da dívida pública ao longo dos ciclos de expansão-contração das economias capitalistas mostram, de forma cabal, que nas expansões predomina o crescimento do endividamento privado e nas contrações eleva-se o endividamento público. Quando se acentuam as desconfianças dos mercados, a tigrada corre para os títulos públicos, avaliados como ativos seguros de última instância.

Em nossas peregrinações pelos labirintos da história do capitalismo não encontramos sequer um fiapo de memória denunciando uma crise monetário-financeira provocada pelo endividamento "excessivo" dos governos em moeda nacional. As crises de endividamento público estão invariavelmente associadas à tomada de empréstimos em moeda estrangeira. Essa foi a etiologia da crise fiscal e monetária dos emergentes nos anos 80 do século passado, entre esses o Brasil. A crise deflagrada no início dos anos 1980 produziu efeitos devastadores sobre as finanças públicas e erodiu a soberania monetária dos países atingidos ao suscitar uma fuga sistemática das moedas nacionais.

Foi esta a razão da hiperinflação alemã do início dos anos 1920. Esmagada pelas reparações de guerra que lhe foram impostas pelo Tratado de Versalhes, a economia alemã sucumbiu à impossibilidade de gerar as divisas necessárias para servir o que lhe fora imposto. A fuga sistemática do marco para o dólar e a libra, as moedas-reserva do *Gold Exchange Standard*, disparou a hiperinflação e a necessidade de emissões monetárias do *Reichsbank* para "cobrir" a fuga desesperada da moeda nacional.

5.4 Políticas anticíclicas e acumulação financeira

As políticas anticíclicas cumpriram o que prometiam ao sustar a recorrência de crises financeiras acompanhadas de "desvalorização de ativos (dívidas)". Mas, ao garantirem o valor dos estoques de riqueza já existente, as ações de estabilização ampliaram o papel dos mercados da riqueza no desempenho das economias ao afetar decisões de empresas, famílias e governos.

CAPÍTULO V - AS BENÇÃOS E MALDIÇÕES DA DÍVIDA

Nos últimos 40 anos de sucessivos programas de estabilização, os Bancos Centrais e seus economistas comemoravam a Grande Moderação: baixa inflação e taxas de juro moderadas. A "exuberância irracional" esgueirou-se à sombra das ignorâncias para implodir as certezas em 2008. A crise de 2008 pode ser apresentada como exemplo das ações dos Bancos Centrais para conter os riscos de *desvalorizações dos estoques da riqueza já existente*.

As injeções de liquidez concebidas para evitar a deflação do valor dos ativos já acumulados incitaram colateralmente a conservação e a valorização da riqueza na sua forma mais estéril, abstrata, que, em contraposição à aquisição de máquinas e equipamentos, não carrega qualquer expectativa de geração de novo valor, de emprego de trabalho vivo. O que era uma forma de evitar a destruição da riqueza abstrata provocou a necrose do tecido econômico.

Ao garantir o valor dos estoques de riqueza já existente, as ações de estabilização praticadas pelos Tesouros Nacionais e pelos Bancos Centrais criaram um consenso silencioso nos "mercados" a respeito dos riscos embutidos nas decisões dos agentes que operam no mundo da finança. A sucessão de episódios desde os anos 1980 indica que os "mercados" afrouxaram os critérios de avaliação do risco e recorreram à alavancagem imprudente com crédito barato. Não se trata de recomendar as ideias "liquidacionistas" que chegaram a ser invocadas nos anos 1930 e hoje organizam as escaramuças dos austríacos contra a expansão do crédito.

Esses indivíduos basicamente acreditam que os agentes econômicos deveriam ser forçados a conter seus impulsos ao gasto e abandonar o uso profano dos recursos. Se fosse preciso falências em massa para produzir este resultado e limpar a barra para que todos pudessem ter um comportamento moral, que assim fosse.

Os liquidacionistas viam os eventos da Grande Depressão como uma penitência econômica contra os excessos especulativos da década de 1920. Assim, a Depressão era o preço que deveria ser pago pelos excessos delituosos da década anterior. Talvez isso seja melhor exemplificado na exaltação verbal do secretário do Tesouro de Hoover, Andrew Mellon, que aconselhou o Presidente a "liquidar a mão-de-obra, liquidar as ações, liquidar os agricultores, liquidar os imóveis". Mellon continuou: "É preciso expurgar a podridão para fora do sistema. O alto custo de vida e a vida luxuosa cairão. As pessoas trabalharão mais, viverão uma vida mais moral. Os valores serão ajustados, e os empreendedores pegarão os destroços de pessoas menos competentes".

Diante da inter-relação entre estoques de riqueza (e de dívida) no interior das instituições financeiras bancárias e não-bancárias, o liquidacionismo provocaria um terremoto grau 10 nos mercados globais. Isso não afasta a conclusão a respeito dos efeitos do *quantitative easing*: a liquidez assegurada pelos Bancos Centrais permanece represada nas formas da riqueza fictícia, nos estoques de ativos mobiliários. Os controladores da riqueza líquida, financeira, hesitam em vertê-la na criação de riqueza nova, com medo de perdê-la nas armadilhas da capacidade sobrante, do elevado endividamento dos agentes privados e do desemprego disfarçado nos empregos precários com rendimentos cadentes.

Os Bancos Centrais rebaixam suas taxas de juro para o subzero, tentam mobilizar a liquidez empoçada para o crédito e do crédito para a demanda de ativos reais ao longo do tempo. Ainda intoxicados pela metabolização dos ativos ingeridos em seus balanços para salvar o sistema financeiro em 2008, os governos hesitam em estimular a economia pela política fiscal.

A relação dívida total/PIB cresceu no planeta. O denominador (PIB) cresce pouco, mas o numerador expandiu-se rapidamente graças, sobretudo, à demanda elástica de crédito pelas empresas privadas e famílias. Ao mesmo tempo cresce a busca de segurança e liquidez: os preços dos títulos dos Tesouros vão às alturas. Os *yield* dos títulos públicos com vencimento longo despencam.

O *World Economic Fórum* registra que a queda da renda associada às medidas de socorro na pandemia promoveu um aumento em US$ 20 trilhões na dívida global desde o terceiro trimestre de 2019. Até o final de 2020, os economistas das instituições multilaterais estimam que

CAPÍTULO V - AS BENÇÃOS E MALDIÇÕES DA DÍVIDA

a dívida global – pública e privada – possa chegar a US$ 277 trilhões, ou 365% do PIB mundial.

Recentemente, Willem Buiter, ex-economista chefe do *Citigroup*, observou que a política de *quantitative easing* tem limitações para estimular a demanda agregada. Tais limitações devem-se, em boa medida, ao excessivo endividamento do setor privado. Este é obviamente o caso, neste momento, do setor corporativo não financeiro americano e também da alavancagem das famílias. Isso descarrega a responsabilidade sobre os ombros da política fiscal, que pode e deve ser usada para estimular a economia.

Em situação de aguda incerteza, no início de 1945, Keynes recomendou aos integrantes do *National Debt Inquiry* que não "fundassem a dívida pública na emissão de títulos a longo prazo. Os prazos das emissões deveriam, portanto, preservar um grau máximo de flexibilidade para as políticas futuras".

Para juntar ofensa à injúria diante dos dogmatismos dos mercados, vamos recorrer à citação de um trecho da entrevista do economista Willem Buiter, concedida ao *Project Syndicate*. Entre outras façanhas, Buiter foi membro independente do Comitê de Política Monetária do Banco da Inglaterra, economista-chefe do *Citigroup* e articulista do *Financial Times*. Hoje está abrigado na Universidade Columbia.

Segundo ele:

> Eu gostaria de ver o *Fed* expandir significativamente seu balanço – e o estoque dos ativos de risco que ele contém. Para fazer isso direito, é importante entender que o *Fed* é essencialmente a janela de liquidez do Tesouro dos EUA, que, em todos os lugares, é o proprietário do Banco Central. De fato, além da definição da *policy rate*, ... a independência do banco central é uma ilusão. Isso significa que mudanças no tamanho e na composição do balanço do *Fed* são, de fato, operações fiscais. Na verdade, o Tesouro deve garantir totalmente o balanço do *Fed*. Do jeito que está, o Tesouro garante apenas cerca de 10% dos ativos e empréstimos de risco que o *Fed* já colocou em seu balanço sob uma série de novos programas.

... Isso representa uma fuga ao dever tanto do Tesouro quanto do *Fed*. ... Cadeias de suprimentos cortadas e efeitos de longo prazo sobre as estruturas de demanda e oferta resultarão na persistente subutilização dos recursos reais. A incerteza generalizada e duradoura aumentará a poupança e deprimirá o investimento. Diante disso, a necessidade de "dinheiro de helicóptero" em apoio à política fiscal expansionista não desaparecerá tão cedo.

Nesse sentido, Claudio Borio, chefe do Departamento de Política Monetária do *Bank of International Settlements* faz as seguintes observações:

> O balanço (dos Bancos Centrais) tornou-se uma ferramenta-chave para definir a postura da política monetária. Daí as compras em larga escala de títulos do setor público e do setor privado e, na Zona do Euro, títulos do setor público de diferentes graus de risco de crédito, bem como regimes especiais de empréstimos subsidiados para os bancos.

Analistas do *Office of Financial Research*, órgão criado pela lei *Dodd-Frank* para soar o alarme dos desarranjos financeiros, já anteciparam envergonhadamente "correções" dos preços inflados. Diz o relatório apelidado de Mercados mercuriais (*Quicksilver markets*): quem aposta na elevação do juro para "conter a especulação" deveria levar em conta os efeitos do *Quantitative Easing* sobre os mercados secundários de ações e títulos de dívida, os soberanos e os privados. O FMI e o *BIS* alertam para os riscos embutidos nas avaliações "altistas" dos bônus públicos e privados e, portanto, remunerados com rendimentos "anormalmente" reduzidos. Medida adequadamente, a relação preço/rendimento das ações e dos bônus tem cheiro de *crash*.

Alguns especialistas temem uma elevação brusca da taxa de juro dos *Federal Funds,* o que desataria uma forte desvalorização do monumental estoque de ativos financeiros existentes. A experiência da elevação da taxa básica no crepúsculo de 2015 comprovou o vaticínio: foi desatada uma corrida para a liquidez nos mercados de bônus e no mercado de ações nos primeiros meses de 2016. No entanto, o risco de

CAPÍTULO V - AS BENÇÃOS E MALDIÇÕES DA DÍVIDA

uma freada brusca e desastrosa na inflação de ativos, que se intensificou na pandemia, não se restringe a uma subida da taxa de juros básica, a *policy rate*, nos países centrais.

Hoje, o risco maior está embutido na retração do *quantitative easing*, ou seja, na tentativa dos Bancos centrais de "ajustarem" seus balanços, reduzindo a intensidade dos estímulos monetários. Os economistas do *mainstream* estão ancorados em hipóteses do tipo "nóis vai, mas nóis vorta". Nada disso. São devastadores os exemplos de irreversibilidade nas economias capitalistas. Em seu movimento, prevalece a formação de "posições" e preços na acumulação de riqueza ao longo do tempo. Parece que não existem exemplos de episódios de volta ao passado. As posições e os preços estão irremediavelmente atados ao futuro. Como sugeriu o guru de investimentos Seth Klarman, desgraçadamente, nesse momento, não se sabe até quando, o futuro só pode ser garantido pela generosidade dos balanços dos Bancos Centrais.

"What is wrong with capitalism?", indagaram os editores do *Project Syndicate*. No site, desfilam figuras do andar de cima da opinião econômica. Entre os escalados para desvendar os erros do capitalismo estavam Joseph Stiglitz, Mariana Mazzucato, Yanis Varoufakis e Raghuran Rajan.

Ao responder que não há nada errado, assumimos um risco nada desprezível. Em nossa modesta opinião, depois de libertado das disciplinas e amarras sociais que o domesticaram nos Trinta Anos Gloriosos do imediato pós-guerra, o velho capitalismo reconciliou-se com sua natureza. Rapidamente deu asas à concorrência monopolista e, na mesma toada, impulsionou o enriquecimento financeiro em detrimento daquele decorrente do esforço produtivo.

As teorias econômicas convencionais estão encharcadas de indagações binárias do tipo "é isto ou aquilo?". Peço ao leitor que permita ao economista invocar um filósofo da estatura de Hegel para arrostar esse viés metodológico. Na introdução à *Ciência da lógica*, o mestre de Iena asseverou:

> Quando as formas são tomadas como determinações fixas e consequentemente em sua separação uma da outra, e não como uma unidade orgânica, elas são formas mortas e o espírito que anima sua vida, a unidade concreta, não reside nelas... O conteúdo das formas lógicas nada mais é senão o fundamento sólido e concreto dessas determinações abstratas; e o ser substancial dessas abstrações é usualmente buscado fora delas.

Prosseguimos a ousadia para sublinhar o trecho "em sua separação uma da outra, e não como uma unidade orgânica, elas são formas mortas e o espírito que anima sua vida, a unidade concreta, não reside nelas".

Não por acaso, em sua caminhada para romper com a economia clássica, Keynes jamais pronunciou a palavra macroeconomia. Para os epígonos, macro se contrapõe a micro. Macro é a agregação das múltiplas instâncias, micro protagonizadas pela ação dos indivíduos racionais e otimizadores. A Economia Monetária da Produção de Keynes, repetimos aqui, é concebida como um conjunto de relações entre classes sociais, definidas a partir de suas conexões no metabolismo econômico do capitalismo. Aqui vou sublinhar a palavra "relações". Isto significa que não se trata de "isso ou aquilo", mas de "isso e aquilo". As relações entre as formas particulares movem-se conforme "o espírito que anima sua vida".

Pedimos licença para insistir e sublinhar que nos textos preparatórios da Teoria Geral, Keynes revela o espírito que anima a vida do seu capitalismo.

> A organização da sociedade consistindo, de um lado, em um número de firmas ou empreendedores que possuem equipamento de capital e comando sobre os recursos sob a forma de dinheiro, e de outro, em um número de trabalhadores buscando emprego. Se a firma decide empregar trabalhadores para usar o equipamento de capital e gerar um produto, ela deve ter suficiente comando sobre o dinheiro para pagar os salários e as matérias primas que adquire de outras firmas durante o período de produção, até o momento em que o produto seja convenientemente vendido por dinheiro.

CAPÍTULO V - AS BENÇÃOS E MALDIÇÕES DA DÍVIDA

Ao acumular riqueza monetária, os que possuem e comandam os meios de produção e o dinheiro realizam os desígnios do "espírito que anima sua vida".

Nada "errado", se a valorização da riqueza financeira assume o comando do movimento das "economias reais". Como dizia Hegel:

> (...) o botão desaparece no desabrochar da flor, e poderia dizer-se que a flor o refuta; do mesmo modo que o fruto faz a flor parecer um falso ser-aí da planta, pondo-se como sua verdade em lugar da flor: essas formas não só se distinguem, mas também se repelem como incompatíveis entre si. Porém, ao mesmo tempo, sua natureza fluida faz delas momentos da unidade orgânica, na qual, longe de se contradizerem, todos são igualmente necessários. É essa igual necessidade que constitui unicamente a vida do todo... Com efeito, a Coisa mesma não se esgota em seu fim, mas em sua atualização; nem o resultado é o todo efetivo, mas, sim, o resultado junto com o seu vir-a-ser.

O Velho Capitalismo realiza o seu conceito no vir-a-ser de suas engrenagens tecnológicas e financeiras.

O sistema financeiro é a instância dominante nas relações econômicas do capitalismo de todos os tempos e em todos os tempos. Um sábio atilado chamou o dinheiro e suas instituições capitalistas de Comunidade.

O crescimento da massa de direitos sobre a riqueza e a renda resultam dos fluxos de produção, da renda criada mediante a errogação do crédito e da criação "socializada" dos direitos de propriedade (ações). Nos ativos financeiros, estão encarnadas as poupanças sacadas dos fluxos de renda pretéritos e é nesses ativos que tambem vão encarnar-se as poupanças vindouras das famílias e das empresas. As avaliações desses ativos nos mercados financeiros são realizadas diariamente e afetam as decisões dos administradores desses recursos – bancos e demais instituições da finança.

Essas decisões se dilaceram entre partilhar o risco do investimento na produção socialmente útil e geradora de novos empregos e fugir para os escaninhos da valorização "autorreferida" dos ativos financeiros. Nos últimos 40 anos, esse jogo foi jogado nas regras do "nóis cum nóis": fusões, aquisições, recompra de ações e pagamento de dividendos aos acionistas.

No capítulo XII da Teoria Geral, Keynes trata das ambiguidades que presidem a decisão de investir em uma economia monetária na qual se oferecem ativos produtivos ilíquidos e ativos financeiros mais líquidos.

> O espetáculo dos mercados financeiros modernos às vezes me leva à conclusão de que um investimento permanente e indissolúvel – como o casamento, exceto por causa de morte ou outra causa grave – pode ser um remédio útil para nossos males contemporâneos.
>
> Para isso seria necessário forçar o investidor a direcionar sua mente para as perspectivas de longo prazo e apenas para elas. Mas uma pequena consideração nos coloca em um dilema e nos mostra como a liquidez dos mercados financeiros muitas vezes facilita, embora às vezes impeça, a realização de novos investimentos. Cada investidor individual se lisonjeia por seu ativo ser "líquido" (embora isso não possa ser verdade para todos os investidores coletivamente), pois isso acalma seus nervos e o torna muito mais disposto a correr um risco. Se os investimentos individuais são ilíquidos, isso poderia impedir seriamente novos investimentos, desde que formas alternativas de entesourar estejam disponíveis para o indivíduo. Este é o dilema. Desde que seja permitido ao indivíduo empregar sua riqueza em acumulação ou empréstimo de dinheiro, a alternativa de comprar ativos de capital real pode não ser suficientemente atraente (especialmente para o homem que não gerencia os ativos de capital e sabe muito pouco sobre eles), exceto organizando mercados onde esses ativos podem ser facilmente vendidos por dinheiro.
>
> A única cura radical para as crises de confiança que afligem a vida econômica do mundo moderno seria negar ao indivíduo a escolha entre consumir sua renda e ordenar a produção do ativo de capital específico que, mesmo com evidências precárias, seria atraente como o investimento mais promissor para ele.

CAPÍTULO V - AS BENÇÃOS E MALDIÇÕES DA DÍVIDA

O desempenho das economias capitalistas justifica a indignação de muitos diante do aumento da desigualdade e da precarização dos empregos, para não falar da destruição dos sistemas de proteção social e da degradação das condições de vida das maiorias. A indignação é justa, mas quase sempre desconsidera a natureza constitutiva e contraditória do crédito e dos mercados de avaliação da riqueza no capitalismo.

As funções e disfunções do sistema financeiro global e de seu poder encontram guarida nas investigações pioneiras e originais de Marx, Keynes e Schumpeter. Análises amparadas em visões do capitalismo que privilegiam as relações estruturais e suas leis de movimento, ou, se quiserem, sua dinâmica.

Essas relações se transformam no propósito de permanecer as mesmas. As transformações devem garantir o propósito constitutivo desse sistema de relações: a acumulação de riqueza monetária. Em seu movimento de reprodução, as estruturas metamorfoseiam seus modos de manifestação e práticas operacionais. Hyman Minsky escrevia em 1986:

> No mundo de homens de negócios e de intermediários financeiros que buscam agressivamente o lucro, a inovação sempre vai suplantar a vigilância dos reguladores; as autoridades não podem prevenir mudanças na estrutura dos portfólios.

Conforme mencionado, a globalização financeira e a deslocalização produtiva são filhas diletas da estratégia competitiva da grande empresa comandada pela fúria inovadora e concentradora dos mercados financeiros. É uma ilusão imaginar que relações entre a economia real e a economia monetário-financeira são de oposição e exterioridade. São relações contraditórias, mas não opostas, inerentes à dinâmica do capitalismo em seu movimento de expansão, transformação e reprodução.

Aí estão inscritas a concentração e centralização do controle do capital monetário em instituições financeiras cada vez mais interdependentes, que submetem a seu domínio a produção e a distribuição da renda e da riqueza. A pletora de ativos financeiros abrigada e concentrada nas redes de grandes e pequenas instituições apoderou-se da gestão empresarial, impondo práticas destinadas a aumentar a participação dos ativos financeiros na composição do patrimônio, inflar o valor desses ativos e conferir maior poder aos acionistas. A lógica da valorização dos estoques de riqueza financeira passou a comandar o movimento das "economias reais".

Essas práticas financeiras associaram-se às inovações tecnológicas para ordenar as estratégias da grande empresa globalizada. Em seu movimento, detonaram um terremoto nos mercados de trabalho. A migração das empresas para as regiões onde prevalece uma relação mais favorável entre produtividade e salários abriu caminho para a diminuição do poder dos sindicatos e do número de sindicalizados.

O império do "valor do acionista" desatou surtos intensos de reengenharia administrativa e a flexibilização das relações de trabalho. O crescimento dos trabalhadores em tempo parcial e a título precário, sobretudo nos serviços, foi escoltado pela destruição dos postos de trabalho mais qualificados na indústria. O inchaço do subemprego e da precarização endureceu as condições de vida do trabalhador. A evolução do regime do *precariato* constituiu relações de subordinação dos trabalhadores dos serviços, independentemente da qualificação, sob as práticas da flexibilidade do horário, que tornam o trabalhador permanentemente disponível.

O desemprego estrutural promovido pela transformação tecnológica e pela migração da manufatura para as regiões de baixos salários tromba com a igualdade de oportunidades. A celebração do sucesso colide com a exclusão social.

A busca pela diferenciação do consumo e dos estilos de vida é a marca registrada da concorrência de massa. Os impulsos para acompanhar os hábitos, gostos e gozos dos bem-aquinhoados se esboroam nas angústias da desigualdade. A maioria não consegue realizar seu desígnio, atolada no pântano da sociedade de massa governado por poderes invisíveis.

CAPÍTULO V - AS BENÇÃOS E MALDIÇÕES DA DÍVIDA

Em seu novo livro, *System*, o ex-Secretário do Trabalho Robert Reich investiga as relações entre o poder e a riqueza. Para compreender a natureza do poder, diz Reich, é preciso entender o papel da riqueza.

> No sistema que temos agora, poder e riqueza são inseparáveis. Grande riqueza flui de grande poder, grande poder depende de grande riqueza. Riqueza e poder tornaram-se um e o mesmo. Não pretendo que essas realidades subjacentes tornem as pessoas mais cínicas ou resignadas. Muito ao contrário, o primeiro passo para mudar o sistema é entendê-lo. Se não podemos compreender, ficamos presos a falsidades convencionais e falsas escolhas, incapazes de imaginar novas possibilidades. Compreender o sistema como ele é vai nos capacitar a mudá-lo para melhor.

Os ganhos propiciados pela valorização da riqueza financeira sustentam o poder dos ricos e, simultaneamente, aprisionam as vítimas da crescente desigualdade nos circuitos do crédito. No afã desatinado de acompanhar os novos padrões de vida, a legião de fragilizados compromete uma fração crescente de sua renda nas encrencas do endividamento. O estudo patrocinado pelas universidades de Indiana e da Califórnia, *Too little too, late* registra o crescimento exponencial do número de aposentados que recorrem à falência pessoal (*bankrupcy*). Os motivos não são difíceis de decifrar: redução no valor das pensões, despesas médicas sem cobertura pública, endividamento elevado e credores implacáveis.

No mundo em que mandam os mercados da riqueza, os vencedores e perdedores dividem-se em duas categorias sociais: na cúspide, os detentores de títulos e direitos sobre a renda e a riqueza gozam de "tempo livre" e do "consumo de luxo". Na base, os dependentes crônicos da obsessão consumista e do endividamento, permanentemente ameaçados pelo desemprego e, portanto, obrigados a competir desesperadamente pela sobrevivência.

Na edição de 30 de dezembro de 2020 da revista *The Nation*, a ativista canadense-americana Astra Taylor avalia o estado atual das finanças familiares nos Estados Unidos.

> Mesmo antes da chegada de Covid, a dívida total das famílias nos Estados Unidos atingiu um recorde de US$ 14 trilhões,

resultado de décadas de salários estagnados e serviços sociais reduzidos. A pandemia só reforça a convicção que o endividamento em massa, em vez de resultante de más escolhas individuais, é um problema estrutural, produzido por um *sistema* que obriga as pessoas a tomar emprestado para fazer face às despesas. Os *millenials*, em outras palavras, não estão se afogando em empréstimos estudantis por causa de uma propensão coletiva para comer torradas de abacate. A única solução sensata é uma política de auxílios generosos em dinheiro, juntamente com o alívio da dívida em larga escala. Pesquisas mostram que as pessoas gastaram 30% de seus cheques de estímulo em 2020 para pagar o serviço da dívida, o que significa que as transferências de dinheiro do governo foram, no final das contas, uma maneira indireta de resgatar credores — um resultado absurdo e desperdiçador, dada a rentabilidade do setor financeiro e os danos que isso tem causado à sociedade como um todo.

Os desencontros entre as festanças da riqueza dos enriquecidos e as misérias dos empobrecidos foi registrada por muitos estudiosos. Os trabalhos de Thomas Piketty alcançaram grande repercussão. Já cuidamos de suas incursões e conclusões no livro *A escassez na abundância capitalista*. Vamos reproduzir o que consideramos essencial em seus livros e artigos.

No artigo "O Capital está de volta", Thomas Piketty e Gabriel Zucman revelam a evolução da relação entre riqueza e renda desde o século XVIII. Analisando as oito maiores economias desenvolvidas do mundo, a participação da riqueza agregada sobe de aproximadamente 200% a 300% em 1970 para 400% a 600% atualmente.

A curva que expressa a evolução dessa relação apresenta o formato de "U", com queda acentuada na participação da riqueza agregada sobre a renda no período que compreende as duas grandes guerras mundiais e a Grande Depressão. A tendência se inverte de forma mais acentuada a partir dos anos 70 do século XX. Segundo os autores:

> (...) as guerras mundiais e as políticas anti-capital destruíram uma grande fração do estoque de capital mundial e reduziram o valor de mercado da riqueza privada, o que é improvável

CAPÍTULO V - AS BENÇÃOS E MALDIÇÕES DA DÍVIDA

ocorrer novamente na era dos mercados desregulados. Em contraposição, se há redução no crescimento da renda nas décadas à frente, então as relações riqueza-renda podem se tornar altas praticamente no mundo todo.

O jornal *Financial Times* que publicou, tempos atrás, uma extensa reportagem sobre a crise da classe média americana. A matéria de Edward Luce, chefe da sucursal do *FT* em Washington, relata as agruras da família de Mark Freeman, ameaçado de perder a casa por inadimplemento de três prestações e obrigado a pagar mais caro pelo plano de saúde. Esses percalços familiares acontecem em meio à deterioração da vizinhança, devastada por residências abandonadas, pela invasão de traficantes e pela constância de tiroteios entre bandos criminosos. A família Freeman, mãe e pai, faturam US$ 70 mil por ano, uma renda 30% superior à média das famílias americanas.

Edward Luce adverte que a crise da classe média americana não é fruto da Grande Recessão, iniciada em 2007, mas é um fenômeno de longo prazo. Desde 1973 até 2010, o rendimento de 90% das famílias americanas cresceu apenas 10% em termos reais, enquanto os ganhos dos situados na faixa dos super-ricos – a turma do 1% superior – triplicou. Pior ainda: a cada ciclo a recuperação do emprego é mais lenta e, portanto, maior é a pressão sobre os rendimentos dos assalariados. Até meados dos anos 70, é bom relembrar, o crescimento econômico foi acompanhado do aumento dos salários reais, da redução das diferenças entre os rendimentos do capital e do trabalho e de uma maior igualdade dentro da escala de salários. Em artigo publicado na revista *Science & Society* de julho de 2010, o economista Edward Wolff sustenta que a evolução miserável dos rendimentos das famílias americanas de classe média foi determinado pelo desempenho ainda mais deplorável dos salários. Entre 1973 e 2007, os salários reais por hora de trabalho caíram 4,4%, enquanto no período 1947-1973 o salário horário cresceu 75%. A despeito da queda dos salários, durante algum tempo, a renda familiar foi sustentada pelo ingresso das mulheres casadas na força de trabalho. Entre 1970 e 1988, elas aumentaram sua participação de 41% para 57%. A partir de 1989, no entanto, o ritmo caiu vertiginosamente.

A arquitetura capitalista desenhada nos anos 30 sobreviveu no pós-guerra e, durante um bom tempo, ensejou a convivência entre estabilidade monetária, crescimento rápido e ampliação do consumo dos assalariados e dos direitos sociais. Entre 1947 e 1973, na era do *Big Government*, como a denominou o economista keynesiano Hyman Minsky, o rendimento real da família americana típica praticamente dobrou. O sonho durou trinta anos e, no clima da Guerra Fria, as classes trabalhadoras gozaram de uma prosperidade sem precedentes.

Nessa época de vacas magras para o emprego e para os rendimentos, os lucros foram gordos para os detentores de riqueza financeira e para as empresas empenhadas no *outsourcing* e na "deslocalização" das atividades para as regiões de salários "competitivos". Robert Kuttner escreveu no New York Times que, em 2008, Obama e seus economistas salvaram Wall Street da derrocada financeira, mas não responderam às preocupações manifestadas nas pesquisa de opinião pelos americanos atormentados, em sua maioria, pelas perspectivas de um crescimento pífio do emprego e dos salários.

CAPÍTULO VI
CRÉDITO, MOEDA INTERNACIONAL E FLUXOS DE CAPITAIS

A fuga para uma moeda estrangeira aponta outra lacuna da Moderna Teoria Monetária: a desconsideração da hierarquia de moedas. No âmbito das soberanias monetárias, nem todos os Estados Nacionais são igualmente soberanos. Assim, a emissão monetária em reais está limitada pelo risco de fuga da moeda brasileira e tensões sobre a taxa de câmbio com implicações sobre a taxa de juros que habitualmente é utilizada para tentar conter a fuga. Em geral, sem sucesso, como ficou amplamente comprovado no período 1998-1999. A Selic foi a 45% e a turma da grana continuou fugindo para o dólar, a moeda reserva que garante o valor da propriedade monetária dos enriquecidos.

Em seu livro, *O regime de câmbio flutuante no Brasil 1999-2012: especificidades e dilemas*, Daniela Prates pega o touro à unha ao recorrer às páginas do célebre e incompreendido (se, por acaso, lido) capítulo XVII da *Teoria geral do emprego, do juro e da moeda* para desvendar os mistérios da taxa de câmbio envolta na sua roupagem monetária e financeira. Vamos recorrer ao texto de Daniela.

> Conceitos como preferência pela liquidez, demanda especulativa por moeda e formação de expectativas sob incerteza keynesiana genuína ou fundamental (não-quantificável,

não-probabilística) têm no mercado de câmbio um lócus privilegiado de análise.

A abordagem pós-keynesiana ancora-se na ideia de que os fluxos de capitais de curto prazo desempenham papel ativo e autônomo e são os principais determinantes da trajetória das taxas de câmbio... Assim, uma questão fundamental na perspectiva pós-keynesiana diz respeito aos fatores subjacentes à formação das expectativas dos agentes nos mercados de câmbio num ambiente de incerteza.

No final do século XIX, a metástase da Revolução Industrial para os Estados Unidos e para a Europa Continental foi acompanhada pela constituição de um sistema monetário global, amparado na hegemonia da Inglaterra. Essa construção política e econômica do capitalismo suscitou, no imaginário social e na prática dos negócios, a "ilusão necessária" acerca da naturalidade e impessoalidade do padrão-ouro e de suas virtudes na promoção do ajustamento suave e automático dos balanços de pagamentos.

Ao promover a ampliação do comércio internacional, o padrão-ouro impôs a reiteração e a habitualidade da mensuração da riqueza e da produção de mercadorias por uma unidade de conta abstrata. Assim – ironias da vida econômica – a confiança na moeda universal em sua roupagem dourada promoveu a expansão da moeda bancária, suscitando a progressiva absorção das determinações funcionais do dinheiro – unidade de conta, meio de pagamento e reserva de valor – por uma representação, um signo desmaterializado garantido pelas finanças do Estado.

O último quartel do século XIX presenciou uma intensa concentração bancária na praça de Londres e a progressiva transformação dos bancos emissores de notas em instituições de depósito, passivos bancários utilizados como meios de pagamento. Essas transformações asseguraram a Londres o predomínio financeiro em todo o espaço econômico abrigado sob a hegemonia britânica. A Inglaterra possuía, então, todos os requisitos para o exercício da função de "financiadora do mundo": a moeda nacional, a libra, era reputada a mais sólida

CAPÍTULO VI – CRÉDITO, MOEDA INTERNACIONAL E FLUXOS...

entre todas e, por isso, mantinha uma sobranceira liderança enquanto referência para a denominação das transações mercantis e como instrumento de denominação e liquidação de contratos financeiros.

Impulso decisivo para o avanço da globalização financeira daqueles tempos foi dado, em boa medida, pelo crescente endividamento dos países da periferia (e da semiperiferia europeia), obrigados a tomar empréstimos nas praças financeiras mais importantes com o propósito de sustentar a conversibilidade de suas moedas. Os problemas de balanço de pagamentos eram recorrentes, determinados pelas quedas de preços dos produtos primários concomitantes às flutuações periódicas no nível de atividades nos países centrais. A primeira crise conjunta dos países latino-americanos ocorreu em 1825. Recém-saídas do jugo colonial, os países da América Latina foram envolvidos em um ciclo de expansão da finança internacional comandada pela Inglaterra hegemônica e em processo de industrialização acelerada.

Michael Bordo considera a crise de 1825 a primeira grande crise financeira internacional.

> Após a independência da Espanha e de Portugal, os países latino-americanas foram levados à abertura do comércio internacional com a Inglaterra e aos enormes fluxos de capital de Londres para financiar infraestrutura, mineração e governo. O investimento foi alimentado pela política monetária frouxa do Banco da Inglaterra. Muitos dos empreendimentos financiados eram fraudulentos. Isso levou a um *boom* na Bolsa de Valores de Londres. As saídas de capital afetaram as reservas de ouro do Banco da Inglaterra. A taxa bancária foi elevada para conter as saídas das reservas e o mercado de ações caiu. Isso levou a um pânico bancário que não foi rapidamente enfrentado por ações de *last resort* do Banco.
>
> A súbita parada do fluxo de capital de Londres levou à inadimplência da dívida, pânicos bancários, quedas de moeda em toda a América Latina. O pânico em Londres se espalhou para o continente europeu e de acordo com algumas fontes, para os EUA.

As economias periféricas funcionavam, na verdade, como áreas de expansão comercial e financeira dos países centrais nas etapas expansivas do ciclo e como uma "válvula de segurança" para o ajustamento das economias desenvolvidas nas fases de contração.

Nos anos 1920, o declínio da Inglaterra coabitou com a incapacidade política do poderio econômico americano em afirmar sua hegemonia. O período em que prevaleceram as moedas inconversíveis, durante e logo depois da Primeira Guerra, foi marcado por desvalorizações e tensões inflacionárias na Inglaterra e na França e episódios de hiperinflação na Alemanha, na Áustria e na Hungria. Isto tornou problemática a restauração do padrão-ouro, mesmo sob a forma atenuada do *Gold Exchange Standard* que permitia a acumulação de reservas em dólares e libras.

Em sua ressurreição, o padrão-ouro foi incapaz de reanimar as convenções do período anterior. Os déficits e os superávits tornaram-se crônicos. Os países superavitários como a França (depois da estabilização do franco "desvalorizado") e Estados Unidos se empenharam em "esterilizar" o aumento das reservas em ouro para impedir os efeitos indesejáveis sobre os preços domésticos. Enquanto isso, a Inglaterra sofria as consequências econômicas de Mr. Churchill. Winston Churchill cedeu a pressões da *City* e ignorou a inflação ocorrida nos anos do conflito. Contra a opinião de Keynes, a Inglaterra voltou ao padrão-ouro restabelecendo a paridade que prevalecia no período anterior à guerra. As pressões sobre a libra ganharam força na segunda metade dos anos 1920 e tornaram-se insuportáveis depois do *crash* de 1929. Em 1931, a Inglaterra abandonou o padrão-ouro e deu novo impulso à corrida de "desvalorizações competitivas", já iniciada pelos países menores e periféricos. A disputa entre as moedas desvalorizadas provocou uma brutal contração do comércio internacional.

Em 1930, os Estados Unidos haviam declarado guerra ao livre comércio com a edição da lei *Smoot-Hawley*, que elevou às alturas as barreiras tarifárias. Em 1933, no nadir da Grande Depressão, Roosevelt proibiu as exportações de ouro e, assim, saltou fora do moribundo padrão monetário.

Nos trabalhos elaborados para as reuniões que precederam as reformas de *Bretton Woods* em 1944, Keynes formulou a proposta mais

CAPÍTULO VI – CRÉDITO, MOEDA INTERNACIONAL E FLUXOS...

avançada e internacionalista de gestão da moeda internacional. Baseado nas regras de administração da moeda bancária, o Plano Keynes previa a constituição de uma entidade pública e supranacional encarregada de controlar o sistema internacional de pagamentos e de provimento de liquidez aos países deficitários. O Plano visava, sobretudo, eliminar o papel perturbador exercido pelo ouro – ou por qualquer divisa-chave – enquanto último ativo de reserva do sistema. Tratava-se não só de contornar o inconveniente de submeter o dinheiro universal às políticas econômicas do país emissor (como observamos agora), mas também de evitar que a moeda internacional assumisse a função de um perigoso agente da "fuga para a liquidez". Essa dimensão essencial do Plano Keynes é frequentemente obscurecida pela opinião dominante que sublinha com maior ênfase o caráter assimétrico dos ajustamentos de balanço de pagamentos entre credores e devedores.

O dinheiro internacional, o *Bancor*, uma moeda escritural, cumpriria exclusivamente as funções de unidade de conta e meio de pagamento. As transações comerciais e financeiras seriam denominadas em *bancor* e liquidadas nos livros da instituição monetária internacional, a *Clearing Union*. Os déficits e superávits seriam registrados em uma conta corrente que os países manteriam junto à *Clearing Union*. No novo arranjo institucional, tanto os países superavitários quanto os deficitários estariam obrigados, mediante condicionalidades, a reequilibrar suas posições, o que distribuiria o ônus do ajustamento de forma mais equânime entre os participantes do comércio internacional. No plano Keynes, não haveria lugar para a livre movimentação de capitais em busca de arbitragem ou de ganhos especulativos. Em 1944, nos salões do hotel *Mount Washington*, na acanhada *Bretton Woods*, a utopia monetária de Keynes capitulou diante da afirmação da hegemonia americana que impôs o dólar – ancorado no ouro – como moeda universal investida na função perturbadora de reserva universal de valor.

O "establishment" financeiro americano não via com bons olhos a incursão internacionalista de seu governo. Uns entendiam que as novas instituições poderiam limitar a independência da política econômica nacional americana. Outros temiam que os mecanismos de liquidez e de ajustamento do Fundo Monetário Internacional (FMI) pudessem deflagrar tendências "inflacionárias" na economia mundial.

O enfraquecimento do Fundo, em relação às ideias originais, significou, na prática, a entrega das funções de regulação de liquidez e de emprestador de última instância ao *Federal Reserve*. O sistema monetário e de pagamentos que surgiu do Acordo de Bretton Woods foi menos "internacionalista" do que desejariam os que sonhavam com uma verdadeira "ordem econômica mundial". Assim, as restrições ao desempenho do FMI não dizem respeito ao seu poder excessivo – como continuam imaginando alguns críticos à esquerda – mas, sim, a sua crescente submissão ao poder e aos interesses dos EUA.

Nos anos 1990, o Fundo empenhou a alma – se é que ainda tem uma – na abertura financeira. Sendo assim, as crises do México, Ásia, Rússia e Brasil eram mais do que previsíveis. Sós, os tolos e desavisados – os ideólogos do baixo monetarismo fiscalista – ainda teimam em ignorar que os sólidos "fundamentos" fiscais não são suficientes (e nem podem ser) para evitar um colapso cambial e financeiro depois de um ciclo exuberante e descontrolado de endividamento externo. No caso da economia coreana, engolfada na crise financeira de 1997-1998, os bons "fundamentos" contribuíram para construir as condições que levaram ao desastre. A "confiança" dos investidores levou a apreciação da moeda nacional, o *won*, a déficits elevados em transações correntes e, finalmente, à "parada súbita" causadora da crise cambial e bancária. Às vésperas da crise asiática de 1997-1998, a Coreia dispunha de condições fiscais impecáveis: superavit nominal de 2,5% e dívida pública inferior a 15% do PIB. A missão do FMI, encarregada de analisar a situação da economia coreana, teceu loas aos sólidos "fundamentos".

A receita para esses desfechos trágicos é sabida: se o país dispõe de uma moeda não conversível, valorize o câmbio, financie o déficit em conta-corrente com endividamento externo e permita a acumulação rápida da dívida interna de curto prazo.

O arranjo monetário realmente adotado em *Bretton Woods* sobreviveu ao gesto de 1971 – a desvinculação do dólar ao ouro – e à posterior flutuação das moedas em 1973. Na esteira da desvalorização

CAPÍTULO VI - CRÉDITO, MOEDA INTERNACIONAL E FLUXOS...

continuada dos anos 1970, a elevação brutal do juro básico americano em 1979 derrubou os devedores do Terceiro Mundo, lançou os europeus na "desinflação competitiva" e culminou na crise japonesa dos anos 1990. Na posteridade dos episódios críticos, o dólar se fortaleceu, agora obedecendo ao papel dos Estados Unidos como "demandante e devedor de última instância".

A crise dos empréstimos hipotecários e seus derivativos, que hoje nos aflige, nasceu e se desenvolveu nos mercados financeiros dos Estados Unidos. Na contramão do senso comum, os investidores globais empreenderam, em um primeiro momento, uma fuga desesperada para os títulos do governo americano. Assim como nas crises cambiais dos anos 1990, protagonizadas pela periferia (México, Ásia, Rússia, Brasil e Argentina), os títulos do governo dos Estados Unidos ofereceram repouso para os capitais cansados das aventuras em praças exóticas. Assim, os tormentos da crise cambial e dos balanços estropiados de empresas e bancos são reservados para os incautos que acreditaram nas promessas de que "desta vez será diferente".

Na posteridade da crise asiática, os governos e o Fundo Monetário Internacional ensaiaram a convocação de reuniões destinadas a imaginar remédios para "as assimetrias e riscos implícitos" no atual regime monetário internacional e nas práticas da finança globalizada. Clamavam por uma reforma da arquitetura financeira internacional. A reação do governo Clinton – aconselhado pelos conselheiros de Barack Obama, Robert Rubin e Lawrence Summers – foi negativa. Os reformistas enfiaram a viola no saco.

A pretendida e nunca executada reforma do sistema monetário internacional, ou coisa assemelhada, não vai enfrentar as conturbações geradas pela decadência americana. Vai, sim, acertar contas com os desafios engendrados pelo dinamismo da globalização. Impulsionado pela "deslocalização" da grande empresa americana e ancorado na generosidade da finança privada dos Estados Unidos, o processo de integração produtiva e financeira das últimas duas décadas deixou como legado o endividamento sem precedentes das famílias "consumistas" americanas e a migração da indústria manufatureira para a Ásia "produtivista". Não por acaso a China acumulou US$ 4 trilhões de reservas nos cofres do *People's Bank of China*.

Mesmo depois da queda do *subprime*, não vai ser fácil convencer os americanos a partilhar os benefícios implícitos na gestão da moeda reserva. Num primeiro momento, os déficits em conta corrente dos Estados Unidos responderam timidamente à desvalorização do dólar provocada pelas inundações de grana nas reservas dos bancos e demais instituições financeiras. A política de inundação de liquidez destinada a adquirir, sobretudo, títulos de dívida pública de longo prazo (*quantitative easing*) impulsionou, num primeiro momento, a desvalorização do dólar, mas afetou muito pouco sua utilização como moeda de denominação das transações comerciais e financeiras, a despeito do avanço do *yuan* nos negócios entre os países asiáticos.

Vamos repetir o que já escrevemos a respeito da farra dos capitais sob o efeito anabolizante das políticas que cuidaram de espancar a crise financeira. Observa-se um rearranjo das carteiras, outrora contaminadas pelos ativos podres criados pelos sabichões de *Wall Street*. Agarrados aos salva-vidas lançados com generosidade pelo Estado, gestor em última instância do dinheiro – esse bem público objeto da cobiça privada –, os senhores da finança tratam de restaurar as práticas de todos os tempos. Na posteridade da crise, engolfado no turbilhão de liquidez das intervenções, o mundo flutuou na maré montante do "dinheiro caçando rendimentos".

Os gestores do capital líquido depois de sair à caça das moedas (e ativos) dos emergentes e das *commodities*, voltaram a buscar ganhos de capital na radiosa capitalização da bolsa americana e na inflação de preços dos bônus do Tesouro. Hoje, a crise europeia e as respostas do BCE contribuem para impulsionar a busca de ativos em processo de valorização nos mercados financeiros dos Estados Unidos.

Os movimentos observados no interior da circulação financeira, em si mesmos, não prometem à economia global uma recuperação rápida e brilhante, mas indicam que os mercados se dedicam, mais uma vez, ao esporte radical de formação de novas bolhas: as bolsas americanas e os bônus do tesouro fumegam os vapores dos sentimentos "altistas" e já prenunciam "correções" desagradáveis dos preços inflados. Enquanto isso, os emergentes padecem as dores do "rearranjo de portfólios".

As crises cambiais nos emergentes ou na periferia são episódios que se repetem em tediosa e monótona cadência. A experiência das globalizações financeiras – aquela das três derradeiras décadas do século XIX, assim como a dos nossos tempos: a era do Lobo de Wall Street – demonstram que os humores dos mercados financeiros globalizados, em sua insaciável voracidade, impõem suas razões às políticas monetária e fiscal dos países de moeda inconversível que abrem suas contas de capital, surfam nos ciclos de crédito externo e se tornam devedores líquidos em moeda estrangeira.

Os títulos de riqueza denominados na moeda não-conversível e os carimbados com o selo das moedas conversíveis são substitutos muito imperfeitos. Diante da hierarquia de moedas – o dólar é mais "líquido" do que o peso ou o real – o teorema da paridade descoberta das taxas de juros não funciona. Isso permite aos mercados financeiros prosseguir sem sustos na peculiar "arbitragem" entre juros internos e externos, sem convergência das taxas, descontados os diferencias de inflação esperada.

O câmbio flutuante fica à mercê das peculiares idiossincrasias dos mercados de ativos e os bancos centrais estão sempre obrigados a "sujar" as flutuações. As tendências à apreciação ou depreciação da moeda nacional dependem do estágio em que se encontra o fluxo de capitais e do maior ou menor "descasamento" entre os ativos e os passivos em dólar dos bancos, empresas e rentistas sediados no país de moeda inconversível.

Os ideólogos da finança, mais por interesse do que por ignorância, concentram suas baterias, nos momentos de stress, nas condições fiscais internas dos países de moeda não-conversível. A primeira geração de "modelos" pretendia explicar as crises cambiais mediante convenientes relações de determinação: partiam dos déficits fiscais, caminhavam para o "excesso" de absorção (demanda) doméstica e terminavam no abismo dos déficits em conta-corrente. A fuga de capitais, as bruscas e intensas desvalorizações cambiais, com impacto desastroso sobre a inflação e as finanças públicas, eram atiradas às costas dos governos gastadores e irresponsáveis.

Não há quem aprove ou recomende desatinos fiscais e monetários dos governos. Mas há quem ignore os desastres fiscais e monetários deflagrados no Brasil dos 1980 e 1990, no México em 1994, na Ásia em 1997, na Rússia em 1998 e na Argentina do doutor Cavallo em 2001 pelas "viradas de mesa" dos provedores privados de financiamento externo.

As camuflagens grosseiras são desenhadas pelos sequazes da finança. Essas narrativas ocultam o essencial e elementar: trata-se simplesmente da política e do poder do dinheiro vagabundo caçando rendimentos. *Money chasing yield*, como explicou o onanista e cheirador Hanna ao ganancioso Jordan Belford no filme de Scorsese.[14]

Para os países de moeda não conversível, as taxas de juros e de câmbio se tornaram reféns das bruscas reações dos senhores dos portfólios globais diante dos rodopios e contradanças dos gestores da moeda internacional. Sob o comando dos humores da finança e da sabedoria de seus asseclas, os ditos emergentes sacolejam os traseiros nos carnavais e *rolezões* da abundância de liquidez. (Enquanto os bacanas se refestelam nas utilidades do inútil, a indústria manufatureira das vítimas sofre as agruras das exportações minguantes e das importações predatórias).

A festança termina nas quartas-feiras dos *crashs* de preços de ativos e na desvalorização das moedas. Quando se aproxima uma crise cambial, o bloco que acredita nos desarranjos dos "fundamentos" das vítimas, mimetiza os sestros faciais enigmáticos – entre a Mona Lisa e o Coringa –, sempre prontos a anunciar que é preciso fazer um ajuste fiscal e elevar a taxa de juros.

Seja como for, a crise demonstrou que a almejada correção dos chamados desequilíbrios globais vai exigir regras de ajustamento não

---

14 SCORSESE, Martin. *O Lobo de Wall Street*. Filme dramático-biográfico-policial estadunidense de 2013.

compatíveis com o sistema monetário internacional em sua forma atual, aí incluído o papel do dólar como moeda reserva. Isto não significa prognosticar a substituição da moeda americana por outra moeda, seja o euro ou o *yuan*, mas constatar que o futuro promete solavancos e colisões nas relações comerciais e financeiras entre as nações.

No início da década de 1990, o Fundo Monetário e o Banco Mundial garantiam que a abertura e a desregulamentação financeiras promoveriam a suavização das flutuações da renda e do consumo nos países da periferia.

Os deslocamentos da finança em livre movimentação funcionaram ao revés e invariavelmente levaram os deficitários e detentores de moedas não conversíveis a desfechos desagradáveis. No Volume II do *Treatise on money*, Keynes afirma que em um sistema monetário internacional dominado pela livre movimentação de capitais "a taxa de juro de um país é fixada por fatores externos e é improvável que o investimento doméstico alcance o nível de equilíbrio", ou seja, um valor compatível com o melhor aproveitamento dos fatores de produção disponíveis.

Nos últimos 30 anos, as crises se multiplicaram nas chamadas economias emergentes. Do México à Argentina, passando pela Ásia e Rússia, sem esquecer o Brasil, as economias balançaram, açoitadas por desvalorizações cambiais dolorosas e crises fiscais e financeiras.

Foram persistentes as lições dos "fatos". Nem mesmo os defensores da abertura das contas de capital resistiram à precariedade de suas sabedorias. O FMI publicou, em setembro de 2009, o "Global Financial Stability". Nessa edição, o relatório trata dos riscos construídos pelo excessivo e imprudente endividamento em moeda estrangeira das empresas não financeiras nas ditas economias emergentes.

Depois de recomendar rigorosas medidas macro-prudenciais destinadas a controlar o endividamento em moeda estrangeira de bancos e empresas, o relatório dispara: "As economias emergentes devem estar preparadas para graves desequilíbrios financeiros e patrimoniais das empresas, inclusive para uma sucessão de falências na posteridade da elevação das taxas de juros nas economias avançadas". A situação agrava-se nas economias enfiadas na recessão aguda, com queda do faturamento, juros elevados, crédito em retração e, naturalmente, colapso da capacidade de pagamento dos devedores.

A finança em livre movimentação funciona na contramão das teimosas versões da macroeconomia aberta dos mercados financeiros eficientes. Em sua empáfia, os Napoleões de hospício asseguram: o que está acontecendo não pode acontecer. É ilusório supor que o regime de câmbio flutuante numa situação de estresse vai resistir à reversão do fluxo de capitais. Ainda pior é imaginar que uma ulterior elevação da Selic ou a utilização das reservas no mercado do dólar "pronto" vai aplacar os apetites por moeda forte dos mercados cambiais.

Na Conferência de *Bretton Woods*, ao recomendar a adoção do sistema de compensações internacionais para ajustar os déficits e superávits entre as nações, Keynes almejou eliminar o papel desestabilizador da função reserva de valor do dinheiro mundial nos desequilíbrios globais. A moeda internacional seria simplesmente veicular.

As turbulências cambiais nos países de moeda não conversível, com suas graves consequências fiscais e monetárias domésticas, exibem a assimetria fundamental do sistema monetário-financeiro global. A função de reserva de valor do dólar é um perigoso agente da "fuga para a liquidez". Isso, como é sabido, submete as demais moedas nacionais às políticas monetárias dos Estados Unidos, tal como observamos agora às vésperas de todas as reuniões do *Federal Open Market Comitee*.

Mesmo em um ambiente internacional de taxas de juros negativas nos países avançados, como registra o "Global Financial Stability", a trajetória da dívida pública e privada dos emergentes está submetida, em primeiríssima instância, aos prêmios de risco exigidos pelos investidores para manter em suas carteiras os ativos denominados na moeda "emergente" não conversível.

Em tais condições, as benesses da facilitação quantitativa se dissipam nos diferenciais de juros reais, sempre mais elevados nos emergentes, impondo aos orçamentos uma carga absurda de despesa com juros. No Brasil de 2014, a execução orçamentária registra 978 bilhões de reais de despesa com juros, 45,11% do gasto total.

Essa aberração impõe o "enxuga-gelo" da obtenção de superávits fiscais permanentes e subtrai capacidade de gasto em investimento e nas políticas sociais, imprescindíveis em um país de desigualdades indecentes. Mas esses "fatos" estruturais e convencionais são jogados para debaixo das tapeçarias que adornam os salões em que ecoam as vozes das versões Mickey Mouse dos sabichões e interesseiros da arbitragem lucrativa nos mercados futuros de juros e câmbio.

CONCLUSÕES INCONCLUSIVAS

Vamos relembrar. Até meados dos anos 1970 do século passado, as economias desenvolvidas prosperaram em um ambiente de ganhos de produtividade, sistemas de crédito direcionados para o investimento, aumento dos salários reais, redução das desigualdades e ampliação dos direitos sociais. Em seu formato "fordista" e keynesiano, o circuito de formação da renda e do emprego era ativado primordialmente pela demanda de crédito para financiar o gasto dos empresários, confiantes nos efeitos recíprocos entre os fatores que ancoravam suas expectativas: 1. O crescimento da renda dos trabalhadores; 2. O avanço dos lucros corporativos e a multiplicação de pequenas e médias empresas e 3. A expansão estável das receitas e dos gastos públicos.

É necessário sublinhar que, sob esta forma institucional da economia monetária capitalista, a expansão do endividamento privado e da dívida pública era "absorvida" pelo crescimento da renda. Seria razoável afirmar que estava invertida a equação que Piketty utiliza para caracterizar a dinâmica das economias contemporâneas "financeirizadas". Piketty apresenta uma relação simples: r>g, onde r é riqueza e g, a renda. No período dito glorioso, a renda, g, crescia mais que a riqueza, r.

O circuito da renda e do emprego desenvolvia-se, então, nos espaços nacionais da economia internacional, impulsionando o adensamento das relações domésticas entre a manufatura, os serviços e a agricultura. A formação da renda e da demanda agregadas decorria da disposição de gasto dos empresários com salários e outros meios de produção que também empregam assalariados. Ao decidir gastar com o pagamento de salários e colocar sua capacidade produtiva em operação ou ampliá-la, o coletivo empresarial avalia a perspectiva de retorno de seu dispêndio imaginando o dispêndio dos demais.

Na era da globalização, a redistribuição espacial da manufatura e o avanço tecnológico engendraram a precarização do emprego, a estagnação dos rendimentos dos trabalhadores e, assim, reduziram a capacidade de difusão do gasto das empresas. As famílias submetidas à lenta evolução dos rendimentos sustentaram a expansão do consumo na vertiginosa expansão do crédito, que criou poder de compra adicional para as famílias de baixa e média renda, ao mesmo tempo que as aprisionou no ciclo infernal do endividamento crescente.

No topo da pirâmide da distribuição da riqueza e da renda, os credores líquidos engordaram seus portfólios com a valorização dos ativos imobiliários e financeiros. Os detentores de riqueza financeira apropriaram-se, ademais, do "tempo livre" criado pelo avanço tecnológico, que promove simultaneamente a desqualificação da massa assalariada e a polarização do mercado de trabalho; os "desqualificados" tornam-se dependentes crônicos do endividamento, sempre ameaçados pelo desemprego e, portanto, obrigados a competir desesperadamente pela sobrevivência.

Sob os auspícios do capital financeiro e de um sistema monetário internacional assimétrico, ocorreu a brutal centralização do controle das decisões de produção, localização espacial e utilização dos lucros em um núcleo reduzido de grandes corporações e instituições financeiras à escala mundial. A centralização do controle impulsionou e foi impulsionada pela fragmentação espacial da produção.

A centralização do comando no capital financeiro alterou profundamente a estratégia da grande empresa produtiva. Os lucros acumulados são primordialmente destinados às operações de tesouraria. Já os novos empréstimos financiam a recompra das próprias ações para garantir a "valorização" da empresa. Dados do *Federal Reserve* revelam

CONCLUSÕES INCONCLUSIVAS

que, no período 2003-2008, o volume de crédito destinado a financiar posições em ativos já existentes foi quatro vezes maior do que os créditos destinados à criação de emprego e renda no setor produtivo.

Na posteridade da crise de 2008, a reiteração da dominância da forma financeira da riqueza e dos rendimentos das empresas e das famílias endinheiradas está ancorada, "em derradeira instância", no inchaço das dívidas públicas nacionais.

Vamos repetir uma banalidade: a dívida pública é riqueza privada. Para a compreensão do enriquecimento e reprodução das desigualdades é necessário avaliar o papel do endividamento público no ciclo atual de "inflação de ativos". Os "mercados" sustentam uma nova escalada de preços nas bolsas de valores, escorados nas operações do *Fed* com títulos públicos destinadas a regular a liquidez e manter reduzidas as taxas longas. Os títulos do governo americano constituem, portanto, o lastro de última instância, fiador das políticas monetárias de "facilitação quantitativa" e de suas consequências para a *deformação* da riqueza e ampliação das desigualdades.

O capitalismo global assumiu a sua *forma mais avançada* como economia monetária, cujos agentes detentores dos *poderes de criação da riqueza social* são tangidos pelo império da acumulação de riqueza abstrata. Isso não depende da maldade ou bondade desses agentes, senão de forças sistêmicas que lhes impõem a necessidade de desejar sempre mais para sobreviver em sua natureza capitalista. Esse comportamento impulsiona a dinâmica sistêmica e, ao mesmo, é reforçado por ela. É necessário sublinhar a palavra *forma* porque a compreensão da dinâmica capitalista como movimento das *formas transformadas* permite conferir significado preciso à palavra *contradição*. Contradição como negação da negação no movimento de construção de novas positividades, logo adiante negadas.

É sob esse critério que devemos observar a concomitância entre o avanço tecnológico, pífia evolução na produtividade do trabalho, dissolução das relações salariais, queda nos rendimentos médios dos trabalhadores, encolhimento da massa de salários, empregos precários, redução nas taxas de investimento, crescimento explosivo do endividamento privado e público, valorização incessante dos ativos financeiros e, finalmente, o rápido agravamento das condições ambientais.

Livre, leve e solto em seu peculiar dinamismo, amparado em suas engrenagens tecnológicas e financeiras, o capitalismo promoveu e promove a aceleração do tempo e o encolhimento do espaço. Esses fenômenos, gêmeos, podem ser observados na globalização, na financeirização e nos processos de produção da indústria 4.0.

A nova fase da digitalização da manufatura é conduzida pelo aumento do volume de dados, a ampliação do poder computacional e conectividade, a emergência de capacidades analíticas aplicada aos negócios, novas formas de interação entre homem e máquina e melhorias na transferência de instruções digitais para o mundo físico, como a robótica avançada e as impressoras 3D.

É intenso o movimento de automação baseado na utilização de redes de "máquinas inteligentes". Nanotecnologia, neurociência, biotecnologia, novas formas de energia e novos materiais formam o bloco de inovações com enorme potencial de revolucionar outra vez as bases técnicas do capitalismo. Todos os métodos que nascem dessa base técnica não podem senão confirmar sua razão interna: são métodos de produção destinados a acelerar a produtividade social do trabalho, destruir empregos e intensificar a rivalidade empresarial na busca da ocupação dos mercados.

Os avanços da inteligência artificial, da internet das coisas, e da nanotecnologia e das novidades do 5G associaram-se ao deslocamento espacial da grande empresa e acentuaram as assimetrias entre países, classes sociais e empresas. A globalização financeira e a deslocalização produtiva são filhas diletas da estratégia competitiva da grande empresa comandada pela fúria inovadora e concentradora dos mercados financeiros, em prejuízo da capacidade de regulação dos Estados Nacionais. Os movimentos competitivos das empresas financeirizadas que impulsionam as cadeias globais de valor executam a abstração da vida, fragilizando os espaços jurídico-políticos nacionais onde se abrigam os mortais cidadãos.

CONCLUSÕES INCONCLUSIVAS

É cansativo, porém, necessário repetir que é ilusão imaginar as relações entre a economia real e a economia monetário-financeira como opostas. São relações contraditórias, mas não opostas e, sim, inerentes à dinâmica do capitalismo em seu movimento de expansão, transformação e reprodução.

Aí estão inscritas como cláusulas pétreas a concentração e a centralização do controle do capital monetário em instituições de grande porte, cada vez mais interdependentes, que submetem ao seu domínio a produção e a distribuição da renda e da riqueza. As tendências da dinâmica capitalista reafirmam sua "natureza" como modalidade histórica cujo propósito é a acumulação de riqueza abstrata, monetária.

Matéria do *Financial Times* de 21 de janeiro de 2021 reproduz as opiniões do guru de investimentos em ativos financeiros, Seth Klarman. Em carta aos investidores, ele diz que o *Federal Reserve* desfigurou o mercado de ações. "Quando se trata do valor dos fluxos de caixa, o futuro vasto e ilimitado, ainda a se desenrolar, ganhou terreno firme no presente mais ancorado".

Fundador do fundo de *hedge Baupost Group*, Seth Klarman disse aos clientes que as políticas do banco central e os estímulos governamentais convenceram os investidores de que o risco "simplesmente desapareceu", deixando o mercado incapaz de cumprir seu papel como um mecanismo de detecção de preços.

A carta privada aos investidores de seu fundo, vista pelo *Financial Times*, equivale a uma crítica condenatória ao comportamento do mercado por um dos maiores investidores do mundo. Klarman criticou o *Federal Reserve* por reduzir as taxas de juros e inundar o sistema financeiro com dinheiro desde o início da pandemia do coronavírus, argumentando que os movimentos do Banco Central dificultaram a avaliação da saúde da economia dos EUA. "Com tanto estímulo sendo implantado, tentar descobrir se a economia está em recessão é como tentar avaliar se você teve febre depois de tomar uma grande dose de aspirina", escreveu ele. "Mas, como acontece com os sapos na água que está sendo lentamente aquecida para ferver, os investidores estão sendo condicionados a não reconhecer o perigo".

Se ativos e passivos almejam o infinito, como precificá-los em um momento finito no tempo? Eles só podem ser observados em sua infinitude, ou seja, no seu incessante movimento em direção ao infinito. Não há ponto no tempo, apenas o desejo infinito de mais valor. Assistimos à dissolução das fronteiras convencionais entre fluxos e estoques nos territórios da riqueza financeira, ou melhor dito, nos territórios do dinheiro como riqueza. A potência coletiva da riqueza infinita absorve todas as impotências da riqueza finita e particular.

Em tempos de "normalidade", as danças e contradanças dos mercados financeiros realizam a precificação dos ativos singulares em cada momento do tempo, conforme a reputação de cada um, sempre diante de um futuro imaginado como se fora finito. Nos momentos de ruptura do sistema privado de avaliação e precificação, nada resta aos mercados senão a esperança angustiada nos poderes do dinheiro criado do nada, único senhor capaz de impor sua infinitude dominadora.

A perplexidade do guru Seth Klarman reconhece – sem conhecer conscientemente – que a criação monetária pelo sistema de crédito, entendido como a articulação entre o agente público, o Banco central, e os bancos privados, assumiu os contornos de um processo autorreferencial na esfera financeira e disfuncional na órbita do emprego e da renda. As crises se sucedem e se agravam após cada intervenção dos Bancos Centrais e dos Tesouros Nacionais. As ações anticíclicas realimentam e estimulam o divórcio entre a criação de valor na esfera da renda e do emprego e a valorização dos estoques de ativos financeiros.

Não é outra a opinião do economista francês Patrick Artus:

> No curto prazo, a política monetária expansionista sustenta o capitalismo: permite aos Estados, por meio da monetização das dívidas públicas, a sustentação de déficits públicos. Esses déficits públicos, em meio à queda da atividade em 2020 ajudaram a manter a renda familiar, os lucros das empresas, limitando assim o aumento do desemprego e das falências.
>
> Se a política monetária expansionista sustenta o capitalismo no curto prazo, dando mãos livres aos Estados para promover déficits públicos elevados, isso pode ser perigoso para o capitalismo a médio prazo.

O excesso de moeda resultante da política monetária expansionista é reinvestido em outros ativos, o que vem elevando os seus preços. No futuro próximo, portanto, deve-se esperar um aumento acentuado dos preços dos ativos e uma valorização também acentuada da riqueza financeira sustentada pelo aumento da oferta de dinheiro, o que vai agravar a desigualdade da riqueza.

Tabela X: Balanço do *Fed* (em % do PIB)

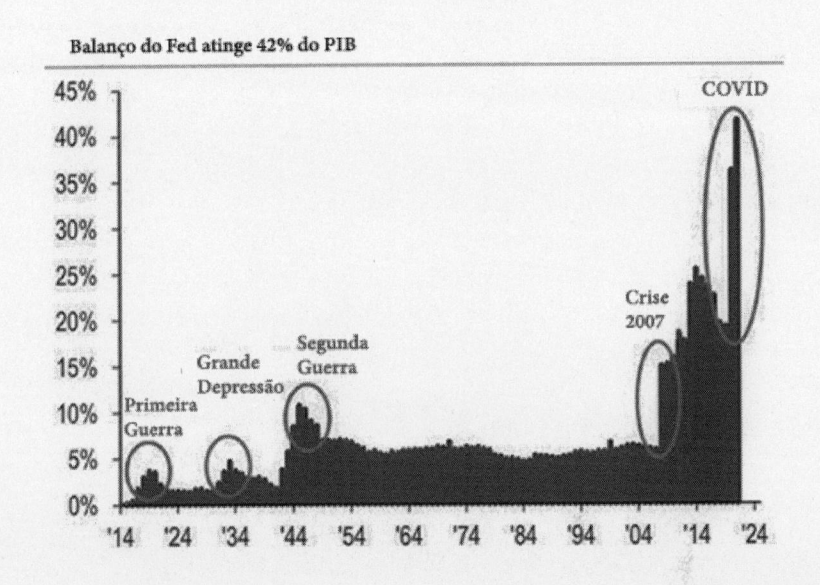

Fonte: Bank of America.

São de orientação diversa as análises que buscam estabelecer as concatenações entre esses fenômenos, análises muitas vezes desprovidas de uma matriz teórica adequada. Assim, ousamos sugerir que essa concatenação indica, na verdade, uma *desarticulação* das formas que, em seu movimento contraditório, trouxeram o capitalismo até seu estágio atual.

O desarranjo compromete e inviabiliza a adoção de políticas sociais e econômicas que busquem simplesmente repetir as experiências social-democratas bem-sucedidas do passado. Tampouco seria recomendável aventuras que busquem a restauração das "economias de comando" do tipo soviético que tratam de abolir o mercado como expressão da divisão do trabalho, da circulação monetária e do sistema de preços. Ainda piores são as insistências em se retomar as políticas liberais mediante reformas do passado, completamente desconectadas da nova *forma* assumida pelas economias capitalistas e suas sociedades.

Os *icebergs* que despontam nesse mar de desarranjos sociais e econômicos assumem as feições de grupos políticos fascistóides, como é o caso dos invasores do capitólio nos Estados Unidos em janeiro de 2021 ou dos milicianos, fardados ou não, que apoiam Jair Bolsonaro.

Na parte submersa desses icebergs estão: 1) a rejeição do outro, seja ele qual for, o que configura um individualismo frustrado e antissocial, cuja afirmação se concretiza na exibição agressiva de armamentos, sempre prestes a se realizar no assassinato dos discordantes e 2) a tentativa de se apropriar do Estado para a cominação de suas finalidades e proveitos, o que envolve o completo desapreço pelas instituições republicanas, aí incluída arregimentação das forças de segurança para as fileiras das milícias.

Essa situação exigiria muito mais das sociedades que habitam nesse sistema de vida. Para começo de conversa, faz-se necessário reconhecer que as transformações aludidas oferecem oportunidades de se encaminhar para uma *superação* das economias capitalistas no sentido proposto por Karl Marx e adotado pela China desde 1978.

A experiência chinesa pode ser entendida como um paradigma da *aufhebung*, superação com conservação. Jude Blanchette, em seu artigo "From 'China Inc.' to 'CCP Inc.': a new paradigm for chinese state capitalism", apresenta a evolução das formas de organização da economia chinesa. Nas primeiras etapas de seu desenvolvimento "híbrido", diz Blanchette, a China adotou demarcações relativamente claras entre empresas "estatais" e privadas. No período mais recente, essas demarcações tornaram-se imprecisas, praticamente irrelevantes, mediante o esforço para expandir o papel coordenador do Estado Chinês na economia, tanto no âmbito público quanto no privado. De fato, mesmo depois de reconhecer as limitações da influência de Pequim sobre muitas decisões das empresas, é difícil (se não impossível) delinear com qualquer precisão onde a influência do Estado termina e onde a autonomia privada começa. Esta nova articulação do público-privado totalmente integrados foi recentemente mencionada pelo presidente do SASAC (*State-owned Assets Supervision and Administration Commission of the State Council*), Hao Peng, que disse em uma entrevista:

> Independentemente de empresas estatais ou privadas, são todas empresas chinesas. [Nós] promoveremos firmemente a integração à montante e à jusante de empresas de várias estruturas de propriedade, a integração de grandes, médios e pequenos e o desenvolvimento coordenado e inovador de várias entidades de mercado para construir conjuntamente um grupo de empresas de classe mundial.

"Mercados" e "planejamento" não estão em lados opostos, mas, suas relações constituem o ecossistema chinês que tornou obsoleta a taxonomia conceitual anterior. Como o *The Economist* resume em uma recente matéria perspicaz, "[a ideia de Xi] é que as empresas estatais obtenham mais disciplina de mercado e empresas privadas mais disciplina sistêmica para alcançar a grande missão coletiva da China".

No Ocidente capitalista, as várias incursões dos Bancos Centrais e dos Tesouros Nacionais para arrostar a sucessão de crises financeiras – o rompimento do sistema de crédito e dos circuitos de formação da renda – permitem vislumbrar a possibilidade de uma reorganização dos poderes de finança e de subordinação de suas capacidades ao controle público. A reorganização deve respeitar as relações entre eficiência privada e bem-estar coletivo, público. Esse sistema deveria compreender a *socialização do investimento e a eutanásia do rentista*, tal como propostos por Keynes na Teoria Geral, bem como a ampliação da participação democrática dos trabalhadores e demais dependentes na propriedade das empresas, propriedade que hoje já está restritamente "socializada" sob a forma de sociedades anônimas.

REFERÊNCIAS BIBLIOGRÁFICAS

AGLIETTA, Michel. *Capitalisme*: le temps des ruptures. França: Odile Jacob, 2019.

AUXERRE, William de. *Summa aurea*, 1215 e 1220.

BAGEHOT, Walter. *Lombard street*. BiblioLife, 2008.

BELLOFIORE, Riccardo. *Marxian economics*: a reappraisal: essays on volume III of capital: methode, value and money. vol. 1. New York: St. Martin's Press, 1997.

BELLUZZO, Luiz Gonzaga; ALMEIDA, Júlio Gomes de. *Depois da queda*: a economia brasileira da crise da dívida aos impasses do real. Rio de Janeiro: Civilização Brasileira, 2002.

BERARDI, Franco. *Phenomenology of the end*. Semiotexte, 2015.

BERNANKE, Benjamin Shalom, PAULSON, Henry GEITHNER, Timothy. *First Responders*: inside the u.s. strategy for fighting the 2007–2009 global financial crisis. Londres: Yale University Press, 2020.

BLANCHARD, Olivier J.; SUMMERS, Lawrence H. *Rethinking stabilization policy*: evolution or revolution?. Cambridge: NBER, 2017.

BINSWINGER, Hans Christoph. *Dinheiro e magia*. 1ª Ed. Rio de Janeiro: Zahar, 2011.

BUITER, William Hendrik. "A nova estratégia perigosa do *Fed*". *Project Syndicate*, 2020. Disponível em: https://www.project-syndicate.org/commentary/federal-reserve-monetary-policy-strategy-mistakes-by-willem-h-buiter-2020-08/. Acesso em: 30.07.2021.

BLANCHETTE, Jude. "From 'China Inc.' to 'CCP Inc.': a new paradigm for chinese state capitalism". *China Leadership Monitor*, 2020. Disponível em: https://www.prcleader.org/blanchette. Acesso em: 30.07.2021.

CECCO, Marcello de; FITOUSSI, Jean-Paul. *Monetary theory and economic institutions*: proceedings of a conference held by the international economic association at Fiesole, Florence, Italy. International Economic Association Series. Londres: Palgrave Macmillan, 1987.

COBBETT, William. *Paper against gold, or, the mystery of the bank of England, of the debt, of the stocks, of the sinking fund, and of all the other tricks and contrivances, carried on by the means of paper money*. Local: HardPress Publishing, 2012.

DEFOE, Daniel. *The anatomy of Exchange-Alley*: or, a system of Stock-jobbing. Proving that scandalous trade, as it is now carry'd on, to be knavish in its private practice, and treason in its publick, By a jobber. Gale ECCO, Print Editions, 2018.

D'ERAMO, Marco. *Dominio*. Itália: Feltrinelli, 2020.

DUNCAN, Richard. *The new depression*: the breakdown of the paper money economy. Nova Jersey: Wiley, 2012.

ERIAN, Mohamed Aly El. "O grande choque do coronavírus", *Valor Econômico*, 2020. Disponível em: https://valor.globo.com/opiniao/noticia/2020/02/04/o-grande-choque-do-coronavirus.ghtml. Acesso em: 30 jul. 2021.

FAGNANI, Eduardo (org.). *A Reforma Tributária Necessária*. Justiça fiscal é possível: subsídios para o debate democrático sobre o novo desenho da tributação brasileira. Brasília: ANFIP, FENAFISCO; São Paulo: Plataforma Política Social, 2018.

FARHI, Emmanuel; CABALLERO, Ricardo J.; GOURINCHAS, Pierre-Olivier. "The safe assets shortage conundrum". *Journal of Economic Perspectives,* vol. 31, n. 3, 2017.

FOUCAULT, Michel. *Nascimento da biopolítica*: curso dado no Collège de France (1978-1979). São Paulo: Martins Fontes, 2009.

REFERÊNCIAS BIBLIOGRÁFICAS

GORDON, David. *The philosophical origins of austrian economics*. Auburn: Mises Institute, 2020.

GREENSPAN, Alan. "Os Estados Unidos podem pagar qualquer dívida porque sempre podemos imprimir dinheiro para isso. Portanto, a probabilidade de inadimplência é zero". *Young Americans for Liberty*, 2011. Disponível em: https://yaliberty.org/news/we-can-always-print-money-to-do-that/. Acesso em: 30.07.2021.

GREENWALD, Daniel; LETTAU, Martin; LUDVIGSON, Sydney. "How the wealth was won: factors shares as market fundamentals". *National Bureau of Economic Research*, 2019.

HEGEL, Georg Wilhelm Friedrich. *Précis de l'encyclopédie des sciences philosophiques*: la logique, la philosophie de la nature, la filosofia de l'esprit. 2ª Ed. Paris: Libraire Philosophique J. Vrin, 1967.

HUME, David. *Os pensadores*. São Paulo: Nova Cultural, 1999.

HUME, Michael; SENTANCE, Andrew. "The global credit boom: challenges for macroeconomics and policy". *Econstor*, 2009. Disponível em: https://www.econstor.eu/handle/10419/50647. Acesso em: 30.07.2021.

JORDÀ, Òscar; SCHULARICK, Moritz; TAYLOR, Alan. "Sovereigns versus Banks: credit, crises, and consequences". *Federal Reserve Bank of San Francisco*, 2014.

KALECKI, Michal. *Théorie de la dynamique économique*: essai sur les variations cycliques et à long terme de l'économie capitaliste. Paris: Gauthier-Villars, 1966.

KEYNES, John Maynard. *Treatise on money*. vol. 1 e 2. Collected Writings of JMK Macmillan. Cambridge: Cambridge University Press, 1979.

KEYNES, John Maynard. *A teoria geral do emprego, do juros e da moeda*. São Paulo: Nova Cultural, 1996.

KINDLEBERGER, Poor Charles. *Manias, panics, and crashes*: a history of financial crises. Nova York: Palgrave Macmillan, 2015.

KRUGMAN, Paul. *Arguing with zombies economics, politics, and the fight for a better future*. Nova York: W.W. Norton Company, 2020.

LEVENSON, Thomas. *Money for nothing*: the scientists, fraudsters, and corrupt politicians who reinvented money, panicked a nation, and made the world rich. Nova York: Random House, 2020.

LUCARELLI, Bill. *The economics of financial turbulence*: alternative theories of money and finance. Edward Elgar, 2011.

LUCE, Edward. "America's dangerous reliance on the Fed. Easy money and fiscal gridlock in Washington lead to populism". *Financial Times*, 2021.

MARX, Karl. *Elementos fundamentales para la crítica de la economía política* (Manuscritos de 1857-1858). vol. 1 e 2. Buenos Aires: Siglo Veintiuno, 1971.

MARX, Karl. *El Capital*: crítica de la economía política. 4ª Ed. vol. 1, 2 e 3. México: Fondo de Cultura Económica, 1966.

MINSKY, Hyman. *John Maynard Keynes*. New York: Columbia University Press, 1975.

MINSKY, Hyman. *Can "it" happen again?*: essays on instability and finance. Nova York: E. Sharpe, 1984.

MINSKY, Hyman. *Stabilizing an unstable economy*. New Haven: Yale University Press, 1986.

MONNET, Eric. *Controlling Credit*: central banking and the planned economy, postwar France, 1948-1973. Cambridge: Cambridge University Press, 2018.

PETRY, Johannes; FICHTNER, Jan; HEEMSKERK, Eelke. "Steering capital: the growing private authority of index providers in the age of passive asset management", *Taylor & Francis Online*, 2019. Disponível em: https://www.tandfonline.com/doi/full/10.1080/09692290.2019.1699147. Acesso em: 30.07.2021.

PIKETTY, Thomas. *O Capital no Século XXI*. Rio de Janeiro: Intrínseca, 2014.

POLLEIT, Thorsten. *Monetary economics in globalised financial markets*. Springer, 2009.

POOVEY, Mary Louise. *Genres of the credit economy*. Chicago: The University of Chicago Press, 2008.

PRATES, Daniela Magalhães. "O regime de câmbio flutuante no Brasil 1999-2012 especificidades e dilemas". *IPEA*, 2015. Disponível em: https://www.ipea.gov.br/portal/images/stories/PDFs/livros/livros/150427_o_regime_de_cambio_flutuante.pdf/. Acesso em: 30.07.2021.

SCORSESE, Martin. *O Lobo de Wall Street*. Filme dramático-biográfico-policial estadunidense de 2013.

REFERÊNCIAS BIBLIOGRÁFICAS

SHAKESPEARE, William. *Macbeth*. São Paulo: Cosac & Naify, 2009.

TAYLOR, Astra. "The Case for Wide-Scale Debt Relief". *The Nation, 2021*. Disponível em: https://www.thenation.com/article/society/biden-debt-loans-covid/. Acesso em: 30.07.2021.

NOTAS

NOTAS

A Editora Contracorrente se preocupa com todos os detalhes de suas obras! Aos curiosos, informamos que este livro foi impresso no mês de setembro de 2021, em papel Pólen Natural 80g, pela Gráfica Loyola.